フィリップ・ラクー＝ラバルト

ハイデガー
詩の政治

西山達也 訳・解説

藤原書店

Philippe LACOUE-LABARTHE

HEIDEGGER – LA POLITIQUE DU POÈME

ハイデガー　詩の政治　目次

ハイデガー　詩の政治

友でありて作家であるロジェ・ラポルトの思い出に

凡例

一、原文中イタリック強調は訳文では傍点とした。
一、［　］は訳語に対応する原語、あるいは原語に対応する訳語および原語の別の意味を示す。
一、〈　〉は、原則として、原文中の大文字で始まる語を示す。
一、〔　〕は、訳者による文章中の補注を示す。
一、引用文中の《　》および省略の［……］はそのまま〃　〃、［……］とした。
一、ギリシア語、ラテン語、ドイツ語は、原則として原語を示したが、ロゴス、ミュトスなど、普通名詞としてある程度日本語としても通用するものは、カタカナで表記した。
一、書名、雑誌名、新聞名は『　』、論文および詩篇の題名は「　」で示した。
一、原注と訳注は章ごとに通し番号とし、見開きページの左端に収めた。訳注には冒頭に〔訳注〕と記した。
一、目次の小見出しは原書にはなく、編集部の依頼により訳者が独自に付したものである。

なお、本書における多くのドイツ語著作（ハイデガー、アドルノ、ベンヤミン、ヘルダーリン等々）からの引用は、ラクー＝ラバルトの論旨を妨げない範囲内で、ドイツ語から直接訳出した。原典の参照ページの指示は、筆者自身が原注等でフランス語訳のページ数を指示している場合も、ドイツ語原典のページ数と、邦訳が存在する場合は邦訳のページ数を指示した。例えば、クロスターマン社より刊行中のハイデガー全集第三九巻で二一三ページ、創文社版全集で二三九ページの場合、*Ga. Bd. 39, S.* 213；二三九ページとした。

一、ハイデガーの著作
——Martin Heidegger, *Gesamtausgabe*, Frankfurt am Main, Vittorio Klostermann, 1975-.
——『ハイデッガー全集』辻村公一他編、創文社、一九八五—
本書で主に参照されているのは、以下の巻である。第四巻『ヘルダーリンの詩作の解明』、第五巻『杣径』、第六巻『ニーチェ』、第七巻『講演と論文』、第八巻『思惟とは何の謂いか』、第九巻『道標』、第一〇巻『根拠律』、第一二巻『言葉への途上』、第一三巻『思惟の経験から』、第一六巻『演説』、第三九巻『ヘルダーリンの讃歌「ゲルマニア」と「ライン」』、第四〇巻『形而上学入門』、第四三巻『ニーチェ、芸術としての力への意志』、第六五巻『哲学への寄与』

なお、第二巻『存在と時間』に関しては、マックス・ニーマイヤー社の単行版のページ数を記した。第八巻『思惟とは何の謂いか』は、創文社版の全集では別巻三として刊行されている。創文社版全集に収められていない著作に関しては、以下を参照した。

——『シェリング講義』、木田元・迫田健一訳、新書館、一九九九年

——『根據律』、辻村公一＋ハルトムート・ブフナー訳、創文社、一九六二年

——『同一性と差異性』、大江精志郎訳、理想社、一九六〇年

——「シュピーゲル対談」、『形而上学入門』所収、川原栄峰訳、平凡社ライブラリー七〇、一九九四年

——「ドイツ的大学の自己主張」、『三〇年代の危機と哲学』所収、清水多吉・手川誠士郎編訳、平凡社ライブラリー二九九、一九九九年

また、次のテクストに関しては、仏独語対訳版のみが存在する。

——*De l'Origine de l'œuvre d'art. Première version inédite* (1935), texte allemand inédit et traduction française par Emmanuel Martineau, Authentica, 1987.

二、**アドルノ、ベンヤミン、ヘルダーリン**からの引用は、それぞれ次の全集版のページ数を指示した。

——Theodor W. Adorno, *Gesammelte Schriften*, hrsg. von Rolf Tiedemann, unter Mitwirkung von Gretel Adorno, Susan Buck-Morss und Klaus Schultz, Frankfurt am Main, Suhrkamp, 1970-1986.

——Walter Benjamin, *Gesammelte Schriften*, hrsg. von Rolf Tiedemann und Hermann Schweppenhauser, unter Mitwirkung von Theodor W. Adorno und Gershom Scholem, Frankfurt am Main, Suhrkamp, 1972-1999.

——Friedrich Hölderlin, *Sämtliche Werke. Große Stuttgarter Ausgabe*, hrsg. von Friedrich Beißner und Adolf Beck, Stuttgart, W. Kohlhammer, Cotta, 1943-1985.

はしがき

本書は、厳密な意味で、マテシス的な[1]性質の書物である。大部分が一九九〇年前後から数ヶ月前までのあいだに執筆され改稿された、いくつかのテクストからなるこの書物は、「習得」の歴史ないしは漸進的な——そしてしばしば困難な——理解の経験をたどり直しているのである。習得と経験のどちらも、私のこれまでの仕事（とりわけ『政治という虚構[2]』）に由来し、また、したがって——なぜなら明らかに粘り強い取り組みがあるからなのだが——、頑強で、それ自体、実のところ苦痛に満ちた問いに由来している。ハイデガーを問題としつつ（というのも、私の活動のうち「哲学的」と見なされうる部分において問題だったことになるのは、いつも、あるいはほとんどいつも、ハイデガーだから

（1）［訳注］原語は mathématique。フランス語での第一義は、「数学的な」であるが、ギリシア語の mathesis はより広く「学問」「学ぶこと」を意味し、ここでラクー＝ラバルトはこの原義に近い意味で mathématique という語を用いているように思われる。また、本書が、ヘルダーリン＝ベンヤミン的な意味での「計算可能な」作品の規則に即して構成されているという含意を読み取ることも可能である。

（2）*La fiction du politique*, Paris, Christian Bourgois, coll. « Détroits », 1987.［『政治という虚構』浅利誠・大谷尚文訳、藤原書店］

である）、その問いは、あまりに苦痛に満ちていたがゆえに、彼に対するある種の讃嘆の念を深く傷つけるものであったのだが、とはいえそれによって、同時に、讃嘆の念が無傷なままのものでなくなったわけではなかった――あたかも奇妙な「分裂病」の効果を被っているかのようであり、その起源と持続は、現在まで私を、少なくとも、たえず困惑させつづけている。

当初の問いは、こうであった。なぜナチズム期において、ナチズムへと、ハイデガーはかくもスキャンダラスな政治参加を行なったのか。しかしそれは、徐々に次のような問いへと転じていった。なぜ、ある種の〈歴史〉の理念が、したがって芸術の理念が、根本において、次第に明白な仕方で、この政治参加を可能なものとし、根拠づけていったのか。その問いは、したがって、最後には、こう言い表されることになった。ハイデガーにとって芸術とは、実際、本質的に〈詩〉のことなのだが、ならば、なぜ彼による詩作の解釈は、これほどまでにスキャンダラスなのか、と。[3] たちどころに理解されることだが、以上のことから、この問いは、いわゆる「政治参加」の厳密な境界（お望みとあれば、彼が〈党〉に加入していた一九三三年から一九四五年までと言うこともできる）の彼方へと投げかけられることになる。あるいは少なくとも、この問いは、彼の作品の営み全体に、その営みが完了するところにまで影を落とすことになる。

ある意味で、以上がすべてである。

しかしながら、最後に一言述べておきたい。いずれにせよ、そうでないと、これでは若干言葉たらずだからである。

このようにまとめられた本書――要するに講演集なのだが――は、ハイデガーと詩《ポエジー》という、ずいぶん以前から論じ尽くされている問いについて、なんら包括的な検討を提供する自負をもつものではない。ここでは、なにも「網羅」されているわけではないのである。

一方で、ヘルダーリンの注釈が、本質的に私の注意を惹くことになったのは、かならずしも「哲学的」だというわけではない理由、すなわち私の数々の活動のいくつか（翻訳、演劇をめぐる仕事、等々）に関連するさまざまな理由があったからである。実際に、私は、例えばゲオルゲの読解や、とりわけトラークルの読解に立ち戻ることはしていない。トラークルの読解については、ジャック・デリダがきわめて厳密に、そしてきわめて正当に、位置づけを行なっている。(4)

（3）［訳注］「〈詩〉」「詩作」と訳したのは、それぞれPoèmeとpoésieである。本書では、原則として、「詩」「詩篇」「詩作品」を意味するpoèmeには「詩」の訳語をあて、これに対しpoésieは、（1）ドイツ語のDichtung［詩、詩作、文学創作］の意味で用いられていると判断される場合は「詩作」と訳し、（2）より広くジャンルとしての詩、詩的創作一般を意味していると判断される場合は、原則として「詩」の訳語をあててポエジーとルビを振った。（3）ただし第一章「詩［poésie］、哲学、政治」では、poésieがおおむね（2）の意味で用いられており、またこの語が頻出するため、ルビを省略した箇所もある。（4）また、ハイデガーの引用中でDichtungが用いられている場合、これに対応する仏訳語としてPoèmeやpoésieが混在して用いられているが、それらは一貫して、Dichtungの訳語であることが分かるように「詩作」とした。（5）なお、ヘーゲルやドイツの初期ロマン派の用語でPoesieが用いられているときは、ドイツ語原語がPoesieであることを明示するために「〈詩〉《ポエジー》」とした。

（4）［訳注］『精神について』（*De l'esprit. Heidegger et la question*, Galilée, 1987；港道隆訳、人文書院、一九九〇年）

他方で、熟慮のうえで私は、本書では、晩年のハイデガーから無理やり引き出された二、三ページのランボー論[5]について、「手厳しい」分析の素描を行なわなかった。しかしながら、それは、ハイデガーがギリシア語でもドイツ語でもない（ラテン語でさえない）言語のテクストを、たとえ束の間であっても、注釈するという危険を冒すことになった——このことが何事かを示していないということはありえないのだが——数少ない箇所のひとつである。事実、非常に危険を冒したこの注釈（そして同様に、いくつかの「詩」の執筆と刊行、最晩年におけるルネ・シャールとの件の交流）は、まったく別の検討を要するものであり、さまたげとなる事情が何もなければ、折を見てそれを行なうつもりである。

そして最後に、ここで私は直接には扱わなかった——一度か二度ほど手を出したとはいえ——問いとして、ハイデガーにおける「宗教」の問いがある。あるいは、それは、来たるべき「聖性［sacralité］」の問いである。というのも、ハイデガーは〈宗教改革〉以来樹立された堅固な伝統に即して、つねに（あまりに排他的に「ローマ的」あるいは「ラテン的」なものと見なされた）その〔宗教という〕語および概念を糾弾してきたことになるからである。とはいえ、この問いの全体は、ヘルダーリン読解から出発して練り上げられており、この読解が実のところたえず描きつづけている奇妙にも「政治的な」行程から、切り離すことができないのである。「宗教」に関するハイデガー的な異議に対して、そこに係わり合うすべての政治的帰結に即して異議を唱えることは、私にとってなおも不可欠な課題であるように思われる。だが、数ページでその課題を果たすことはほとんど不可能であり、「あとがき」を加えるという形でそれを行なうのは、なおさら不可能というものである。

二〇〇二年　三月

での分析を指す。

（5）〔訳注〕『思惟の経験から』に収められた「生けるランボー」を指す。もともと、一九七二年に執筆され、一九七六年に仏独対訳版で最初に発表された（« Aujourd'hui, Rimbaud... », tr. fr. par Roger Munier, in *Archives des lettres modernes*, n° 160, Paris, 1976）。冒頭にルネ・シャールへの言及があることからも分かるように、晩年のハイデガーがシャールとロジェ・ムニエの強い要請により執筆したテクストである。Heidegger, *Ga. Bd. 13*, *S.* 225-227；二八三―二八六ページ。

プロローグ　ハイデガーの存在-神話論

一九九九年、ブラジルでの講演。

一九三五年、『形而上学入門』の講義においてハイデガーは、ソフォクレスの『アンティゴネー』と、そのなかでも名高いテクネーをめぐる停止唱歌《スタシモン》に捧げることになる最初の注釈を始めるにあたり、「この詩全体に対する誤解、近代の人間にとっては当然で、また周知のものとなっている誤解を防ぐために、「ひとつの注記を加える」必要があると考える。(1) 彼が言うには、ソフォクレスの詩は、人間を「数々の存在者のひとつとして現れるもの」とみなし、その「さまざまな領域」を記述するものでは決してなく、またとりわけ、その詩の目的は、「いかにして人間が野蛮な狩人と丸木舟を操る者から都市の建設者、そして文明人へと発展をとげるのか」を物語ることにあるわけではない。「そのような考え方の根底には、根本的な誤謬があり、その誤謬とは、〈歴史〉の始源［Anfang］が原始的［primitiv］でまだ遅れたものであり、ぎこちなく脆弱なものであるという見解のうちにある誤謬である」、と彼は説明す

（1）［訳注］Heidegger, *Gesammtausgabe. Band. 40*（以下 *Ga. Bd.* と略す）, S. 164；一七五ページ。

る。「だが真実は逆である。始源はもっとも不気味なものであり、もっとも強力なものなのである」[2]（*un-heimlich*［不気味な］、*gewaltig*［強力な］という用語によって、ハイデガーは、周知のように、『アンティゴネー』の合唱歌《コロス》が響きわたらせているギリシア語の *deinon* の根源的な意味を、その真理のうちにおいて取り戻そうとしている。*polla ta deina*［不気味なものは数多くあるが……］[3]）。

　この箇所のほぼ直後に、次のような言明が付け加わる。

> この始源を説明することができないのは、我々の〈歴史〉認識の欠如によるものでも、不備によるものでもない。むしろ、〈歴史〉認識の真正さと偉大さは、始源の秘密のものであるというこの性格を理解することに存する。〈原-歴史〉についての知（*Wissen von einer Ur-Geschichte*）は、原始的なものを発掘し、骨を収集することではない。それは中途半端な自然科学でもなければ完全な自然科学でもない。それは、そもそもなにかであるとすれば、ある種の神話（論）（*Mythologie*）である[4]。

　当時の「陰鬱な時代」[5]において、しかも、彼が総長職を辞することで国民［＝国家］社会主義の体制に対して保とうとした一応の距離——とはいえ距離があったことは否定しえない——を考慮に入れるとき、このような発言の物騒さは、それ自体きわめて陰鬱なものである。少なくとも二つの理由から、このことが言える。

まず、当時において、〈歴史〉とその根源についての唯一の正統な「知」として――自然科学のモデルに従うと称する古生物学、先史学、人類学、文化主義、等々の学問にことごとく抗して――、神話

(2)［訳注］*Ga. Bd. 40*, S. 164；一七六ページ。なお、引用中の「〈歴史〉」のドイツ語原語は Geschichte であり、これをラクー＝ラバルトは一貫して大文字表記の Histoire でフランス語に訳している。これはハイデガーが峻別している Historie［歴史学の対象としての歴史］と Geschichte［より根源的な歴史］とを訳し分けるために必要な措置であり、本文では、前者を歴史、後者を〈歴史〉と表記し分けた。また、それぞれに対応する形容詞として、ラクー＝ラバルトは historique と historiale を用いているが、本文ではともに原則として「歴史的」と訳し、後者に「イストリアル」とルビを振っている。

(3)［訳注］ソフォクレス『アンティゴネー』、三三二―三七五行、「不気味なものは数多くあるが、人間以上に不気味なものはない［polla ta deina kouden anthrôpou deinoteron pelei］」で始まる合唱歌が参照されている。ヘルダーリンが翻訳したことで知られるこの合唱歌を、ハイデガーは自分なりに翻訳しなおし、一九三五年の講義「形而上学入門」、一九四二年の講義「ヘルダーリンの讃歌『イスター』」などで詳細に分析し、また一九四三年には、その翻訳にさらなる「根本的な手直し」を加え、誕生日に妻に捧げている（『思惟の経験より』所収）。ここで言及されている deinon の訳語としての unheimlich と gewaltig という形容詞については、原注21および補注も参照のこと。また、ヘルダーリンのソフォクレス翻訳については、ラクー＝ラバルトの『メタフラシス』（*Métaphrasis* suivi de *Le théâtre de Hölderlin*, Paris, P.U.F., 1998；未來社近刊）も併せて参照されたい。

(4) 翻訳はジルベール・カーンによるものであり（*L'introduction à la métaphysique*, Paris, Gallimard, 1967）、必要に応じて変更を加えた（*Ga. Bd. 40*, S. 164-165；一七六ページ）。

(5)［訳注］「陰鬱な時代［sombres temps］」は、ハンナ・アーレントの『暗い時代の人びと』（*Men in dark times*, 1968）のなかで用いられる「暗い時代」という表現のフランス語訳である。

（論）なるもの［*la* mythologie］(6) ではないにせよ、ある種の「神話（論）」を要求すること、それが喚起しうるのは、まずもって直接的には、政治的な響きにほかならず、より厳密には美学‐政治的な響きにほかならなかった。すでに別の箇所で示したように、(7) それはまたいずれにせよ明白なのだが、ロマン主義と思弁的観念論が始まって以来（おおざっぱに言えば一八〇〇―一八一五年、つまり啓蒙《アウフクレールング》の終焉以来）(8)、「ドイツ・イデオロギー」の全体が、闘争《アゴーン》にみちた拘束、あるいは模倣《ミメーシス》によるダブル・バインドのもとで――そのようなダブル・バインドのために、近代は、大抵の場合、反復することによってしか自らを古代から引き離すことができない――神話の創出もしくは「偉大な芸術」の創設を夢見てきたことになるだろう(9)。この創出と創設のみが、ひとつの民族（ひとつの「国民」）を真の歴史的次元へともたらしうるものと見なされ、あるいは、一九三〇―一九四〇年代のハイデガーが訴えつづけたように、一民族の「歴史的《イストリアル》現存在」の根源を作り出しうるものと見なされたのである。実のところ、それは「帝国期」の文化闘争と反カトリック政策（ビスマルク）――といっても反教権主義的政策ではないが――の根底に横たわる夢でもあった。このような夢を、ヴァーグナーは苦心して説明し、ニーチェは厳密に構造化した（『ツァラトゥストラ』を思い浮かべれば十分なように、それは、いわゆる「初期ニーチェ」だけに限られたことではない）のだが、その夢は国民社会主義の企図にも見出されないわけでは決してなかった。それは、そのもっとも堅牢で強力な骨組みを構成さえしており、そのもっとも明瞭で、入念に描かれた主導線、すなわち国民社会主義を、その母型となった反ユダヤ主義に到るまで、かぎりなく正確に境界画定する主導線であった。この反ユダヤ主義は、公的には「科学的」

とされていたが、じつのところは民族《エスニック》‐美学《エステティック》的なものであった（「戯画」としてのユダヤ人は、ヴィンケルマンの表現を借りれば、ギリシア人の、そして「再生した」ドイツ人のもつ「競技者の身体」に対立するものなのである）[10]。国民社会主義のうちには、本質からして技術的な〔technique〕、このよう

（6）〔訳注〕mythologie / Mythologie は、一方で、例えば「ギリシア神話」「北欧神話」といった言い方に見られるように、個々の「神話」（フランス語の mythe, ドイツ語の Mythos）の総体あるいは体系を指し示し、また他方で、神話（ミュトス）に関する「学」あるいは「論」としての「神話学」「神話論」を指し示すという両義性を持つ。言い換えるならば、ロゴス（「論」あるいは「学」）として「神話学（＝論）」と、ロゴスに対立するミュトスとしての「神話」の両義性のうちに置かれているという点に、mythologie / Mythologie の問題が存しているとも言うことができる。ここでハイデガーは、敢えてこの両義性に立脚したかたちで Mythologie という語を用いているものと思われるため、その曖昧さを翻訳するために「神話（論）」という訳語を採用した。なお、以下の章では、mythologie / Mythologie が神話〔mythe / Mythos〕と対比させられている場合が多いため、「神話論」、「神話論的なもの」、「脱神話論化」などと訳した。

（7）とりわけ『近代人の模倣』〔*L'imitation des modernes*, Paris, Galilée, 1986；みすず書房より近刊〕、『政治という虚構』〔*La fiction du politique*, Paris, Christian Bourgois, 1987〕、『ナチ神話』〔*Le mythe nazi*, avec J.-L. Nancy, La Tour d'Aigues, L'Aube, 1991；守中高明訳、松籟社、二〇〇二年〕。

（8）しかし実のところ、帝国的でローマ的な西方キリスト教団の崩壊という、始まりのシンドローム――つまり宗教改革、さらにはルネサンス――にまで立ち返らねばならないだろう。それは、国民的なものに関わるさまざまな事実（それはとりわけ言語に根ざしていたのだが）を国家へと仕立て上げる、最初の試みにまで立ち返ることである。

（9）〔訳注〕例えば「芸術作品の根源」。「ここで問題になるのは偉大な芸術だけであるが、まさしく偉大な芸術においては、芸術家は作品と対照的に、終始どうでもよいものでありつづけるのであって、創作において作品の発出のために自分を自分で無に帰せしめる通路とほとんど同然である」（*Ga. Bd. 5, S. 26*；三六ページ）。

なユートピアが含まれているのであって――今日、我々は、このtechniqueという語のもつ二つの意味を、すなわち芸術と科学技術という二つの意味を共振させることができるようになっている――、そのことを認識しない限り、国民社会主義は理解しえないものでありつづけるだろう。国民社会主義は、近代人の形而上学の到達点であり、しかも、断然もっとも恐るべき到達点である。それは単に、国家テロリズムの、警察による「統治心性《グヴェルヌマンタリテ》」の、「総動員」の、社会的軍隊化の、「生‐権力」の、あるいは旧来の帝国と封建的「段階」に由来する専制支配（政治的‐財政的強盗行為）の、とりわけ残忍で断固として「体系的」な顕在化なのではない。また、さらに平凡に言えば、突如として恐慌の餌食になった〈資本〉の顕在化なのでもない。ブレヒトがつねに正しかったわけではなかったのである。そしてまた、彼に追随した者たちが正しかったわけでも……。

　近代における神話の必要性を唱え（まずはソレル）、またとりわけ、新たなドイツ神話の必要性を唱えた（ローゼンベルク、ボイムラー、クリーク）「主要な」イデオローグたちの大部分から、ハイデガーは、当然のことながら、苦もなく一線を画すことができた。だがまた、当然、彼はヴァーグナーに対して、あるいはヴァーグナー‐ニーチェ主義に対して、十分に厳しい言葉を持たなかった。そして周知のように、総長職からの危うい路線変更を経たあとのほぼ六年間に、彼は、ニーチェをファシストの解釈から引き離し、また、ニーチェがまぎれもなく形而上学の最終段階に帰属しているという事実を、そのもっとも顕著な点において（力への意志、美学主義、あるいは生理的美学、生物学主義）、厳密な仕方で明確化するに到った。両者を混同しえないのは明らかである。たとえ、一九三三年に特有の用語法においては、混同が生じえた、あるいは、少なくとも混同の兆しが現れえたとしてもである。だが、次のことも包み隠してはならない。「基礎的存在論」が可能なものとした（そして「基礎的存在論」を可能にした）否定法《アポファシス》のレトリック、あるいは、つねに変わらぬ否認のもと、ハイデガーは、こう言っているのだ。「私の芸術に関する思索は美学ではない」。「私のヘルダーリン読解はいかなる詩論にも属さない」。「私の〈歴史〉解釈は、いかなる歴史主義にもなんら負うところがない」。「諸民族の命運あるいはドイツの実存の可能性に関する私の主張は、なんら〝政治的〟な響きをもつものではない」――要するに、「私の〝哲学〟は哲学ではなく、このことはある意味で反論の余地がないのだ」、と。しかしながら、文体と奥行きの差はあるとしても（逆に言えば、俗っぽさと愚かしさの程度が異なるとしても）、争いの地盤と争点は同じであり、企図は同じであり、戦略は同じなのだ。私は「同じ」だと言っているのであって、「同一」と言っているのではない[(11)]。このことを率直に、つまり、「道

（10）［訳注］「競技者の身体」は、ヨハン・ヨアヒム・ヴィンケルマン（一七一七―一七六八年）が、『絵画および彫刻におけるギリシア作品の模倣についての考察』（一七五五年）において素描し、その主著『古代美術史』（一七六四年）において展開した概念。彼によれば、ギリシアの美術作品（とりわけギリシアの彫刻）が優れているのは、それが自然から人間の身体に与えられた美を表現（模倣）しているからであり、その身体の調和のとれた美は、オリュンピア競技会などの競技者の身体に、顕著にあらわれているのである。なお、ラクー＝ラバルトは随所で、ヴィンケルマンの議論の模倣論としての側面に着目し、そこに「自らを模倣不可能なものとする」ことを余儀なくされたドイツの運命全体を読み取っている。*Cf. Le mythe nazi*, p. 42 ;『ナチ神話』、五二―五三ページ。

（11）［訳注］ハイデガーによる「同じもの［das Selbe］」と「同一のもの［das Identische］」の区別を念頭においた発言

徳的に」糾弾することは、ここでの第一の関心事ではない。私が行なっているのは、単に、事実の確認である。すなわち、一九三五年にハイデガーが神話（論）という言葉を――いささかの留保も加えずに――口に出すとき、例えばそこに、クリーク総長の声を聴き取らずにいることはできないという事実がある。背後から、あたかも当時の無線電話で話しているかのように、彼の声が「混線して」（*Verstellung*[12]〔偽装〕ともいえるのではないだろうか？）入り込んできているのだ。そのうえ、彼は、一九五三年に到っては、まさしく『形而上学入門』の刊行に際してはっきりと示唆しているように、自らを国民社会主義に「失望した者」にほかならないと思いなすことになるのである（私は最終的に、この定式を、もっぱらその政治的な陳腐さと無定見にゆだねておくことにする）。

第二の理由も、やはり同様にのっぴきならないものである。そもそも、ここでの神話（論）という語の出現は不意をつくものであり、いずれにせよ、これほどまでに強力な価値付与をともなってこの語が出現するのは、私の知る限り一度限りであるが、この純粋な唯一例《ハパックス》が出現するのは、〈歴史〉の始源（*Anfang*）、あるいはその根源の問題系を扱った箇所においてである。すなわち、*Ur-Geschichte*〔原-歴史〕。この語をハイデガーは、熟慮のうえで二つに解体し、そうすることで、彼は、この語が性急にも、単なる先史時代の終焉、あるいは単なる歴史の誕生（「歴史意識」の誕生、諸々の事実、王家の系譜の記述《エクリチュール》と記録の誕生、等々）の意味で受け取られないようにしている。*Ur-Geschichte*〔原-歴史〕の*Ur*〔原〕は、ここでは、超越論的な意味で理解されているのである。ところで、『存在と時間』（第五章七二節）から引き継がれ、一九三三年の政治的教説のうちに直接に注ぎ込まれたあらゆるモチーフのうち、始源のモチーフは、異論の余地なく支配的な地位を占めている。まさにこのモチーフが、「総長演説」において、厳密に大学内の宛先（それは実際に、一九二九年の就任講義の主張を繰り返すものであった）を超えたところで、「ドイツ民族」への呼びかけを裏打ちしていたのである。演説は、この民族に向かって呼びかけ、民族が、「自らの命運をその〈歴史〉に刻印する、抗いがたき力としての精神的任務の仮借なさ」に導かれねばならないとしている。[13] ハイデガーによれば、このような任務が完遂されるのは、「我々が」——この「我々」は、単に大学共同体の主体を指し示しているのではない——、つまり我々ドイツ人が、「ふたたび我々の歴史的《イストリアル》-精神的現存在の始源の力のもとに身をおく」場合に限られる。それはつまり、テクネーの、あるいはまずもって知にして学であるような *sophon*［知］の、ギリシアの始源における勃興の力のもとに身をおき、そこに「哲学」をつなぎ止めておく場合で

である。これに関しては、一九五七年の講演「同一性の命題」（*Identität und Differenz*, Pfullingen, Neske, 1957；『同一性と差異性』所収、大江精志郎訳、理想社、一九六〇年所収）等を参照のこと。

（12）［訳注］Verstellung は、ドイツ語で「代理」「閉鎖」「隠蔽」「歪曲」を表す接頭辞 ver- と「立てる」を意味する stellen とをあわせた動詞 verstellen を名詞化したもの。一般には「置き換え」、「偽装」、「扮装」等を意味するが、ハイデガーはこの語を存在の生起の「立て塞ぎ」といった否定的な意味で主に用いており、ラクー＝ラバルトは以下の論考においてこれを詳細に分析している。« Typographie », in *Mimesis des articulations*, Paris, Aubier-Flammarion, 1975.

（13）［訳注］Heidegger, *Ga. Bd. 16. Reden und andere Zeugnisse eines Lebensweges*, S. 107；「ドイツ的大学の自己主張」、一〇二ページ。

ある。参考までに引用しておきたい。

この始源とはギリシア哲学の勃興のことである。そこで初めて、西洋的人間は、ある民族の精髄(*Volkstum*)から発して、この民族の言語の助力を得て立ちあがり、存在者の全体に立ち向かい、存在するものとしての存在者を問いかつ把握するのである。[14]

ところで、ギリシアの始源の力のもとに身を置くとは、一体どういうことか。それは、「始源の偉大さを取り戻すべしと命ずるはるかなる摂理」に決然と従うことである。今回もあくまで参考までに、引用しておきたい。

なぜなら、根源であるギリシアが何か偉大なものであるとすれば、この偉大なものの始源は、もっとも偉大なものでありつづけるのだから。[……]始源はなおも存在している。それは我々の背後に、はるか昔にあったものとして横たわるのではなく、我々の前方にあるのだ。始源はもっとも偉大なものとして、あらかじめ、すべての来たるべきものを、したがって我々自身を、すでに越え去っている。始源は我々の未来のなかに入り込んでしまっており、そこで、偉大さを取り戻すべしと我々に命ずるはるかなる摂理として、存立しているのである。[15]

ここには、『存在と時間』において、三つの時間的脱自態の分析をめぐって表明された――ニーチェの『反時代的考察』の第二論文も明示的に参照されている（第七六節）――歴史性の図式そのものを認めることができる。現存在は、自らの将来へと投企し、その過去に向けて、つまりその過去の「創出」［invention］に向けて送り返される限りにおいてのみ、自らの現在のはらむ深淵に係わりあう。これと同様に、〈歴史〉の可能性は、一民族が（自らのもつ）来たるべきものとして、自らの過去のいまだ到来しない、あるいは隠蔽された可能性を投企する限りにおいてのみ、現在の裂け目において開かれる。ところでギリシアの始源は、その偉大さにおいて、あるいは『形而上学入門』がその *Unheimlichkeit*［不気味さ］と名づけるところのもの――翻訳するならば、その根源的な－我が家に－存在－しないこと［ne-pas-être-chez-soi originaire］――において、ひとつの可能性を秘めている。その可能性とは、ギリシアの始源のあとに続く、あるいはそこに由来をもつ「発展」によっては決して汲み尽されることのない可能性であり、そのようなものとして、いまだに手つかずのまま、あるいは無傷のままにとどまりつつ、つねに自らの顕現と実現とを待ちつづける可能性である。それゆえに、〈歴史〉の幕開け、その（再）開始とは、始源そのものにおいていまだに到来せぬままであったもの、あるいは始まらなかったものの、つまりその始源の欠如の、反復すなわち *Wiederholung*［取り戻し、繰り返し］なのである。「総

（14）［訳注］*Ga. Bd. 16*, S. 108-109；一〇五ページ。
（15）ここで私が用いているのはジェラール・グラネルによる翻訳である（Mauvezin, T. E. R., 1976〔*Ga. Bd. 16*, S. 110；一〇八－一〇九ページ〕）。

長演説」の三年後〔の「芸術作品の根源」において〕、テクネーの解釈という名目のもと、労働の存在論（*am Werk sein*〔作業に従事している〕という意味で解されたエネルゲイア）から芸術の存在論（*ins Werk setzen*〔作品のうちに置く〕という意味で解されたエネルゲイア）を区別する分離の一歩が踏み越えられるとき、このような始源をめぐる論理そのものは、取り下げられることなど決してなく、なおも効果的に作用しつづけることになる。そのような例として、『形而上学入門』から、あるいは一九三四／一九三五年の講義「ヘルダーリンの讃歌」[16]から再び引用することもできるだろう。だがここでは、「芸術作品の根源」[17]の末尾からいくつかの命題を引いておきたい。

贈与と根拠づけは、我々が始源〔commencement ないし initial、すなわち *Anfang*〕と名づけるものの無媒介なるものを含んでいる。しかし始源のこの無媒介なるものは〔……〕、始源がはるか以前から、まったく目立たずに準備されているということを排除するどころか、まさしく内包しているのである。真正なる始源は、跳躍（*Sprung*）として、つねに先んじての跳躍（*Vorsprung*）であり、すべての来たるべきものは、覆い隠されたものとしてではあれ、そのうちですでに跳び越えられている（*übersprungen*）[18]。始源はすでに終焉を、隠蔽されたまま保持している。もとより、始源は決して、原始的《プリミティフ》なものの初歩的な性格をもっているのではない。原始的《プリミティフ》なものは、贈り与え根拠づける跳躍を欠き、また先んじての跳躍をも欠くがゆえに、つねに未来を欠くのである。原始的《プリミティフ》なものは、自身から何も解き放つことができない。なぜなら、それは自らがそのうちに捕らえられているところのものしか、保持しないからである。

これに対して、始源は尋常ならざるもの（*das Ungeheure*）の、すなわち尋常なるものとの（*mit dem Geheuren*）抗争（*Streit*）の、開示されざる充溢をつねに保持している。[19][20]

（16）*Les Hymnes de Hölderlin*, tr. François Fédier et Julien Hervier, Paris, Gallimard, 1988.

（17）一九三六年の三部構成の版。ヴォルフガング・ブロックマイヤーによる訳。*Chemins qui ne mènent nulle part*, tr. Wolfgang Brokmeier, Paris, Gallimard, coll. « Idées », 1962/1980.

（18）当然のことながら、「発する」「跳ねる」を意味する*springen*から派生したこれらの変化形が、*Ursprung*の語を構成する調和のとれた束として、痕跡を記しているのである。*Ursprung*は、「芸術作品の根源」の諸講演の総体における根本的な問いかけの題名となる——そしてその問いかけを担う——語ともいえる。

（19）*das Ungeheure*〔尋常ならざるもの、途方もないもの、怪物的なもの〕は、*das Unheimliche*〔不気味なもの〕の二重語である。*ungeheuer*は、ヘルダーリンがソフォクレスの*deinon*を翻訳するために用いた語であり、また、ハイデガー自身がヘラクレイトスの有名な格言*Êthos anthrôpôi daimôn*〔エートスは人間にとってダイモーンである〕における*daimôn*を翻訳するために用いた語でもある（*Lettre sur l'humanisme*, tr. Roger Munier, Paris, Aubier-Montaigne, 1964, p. 150-151〔*Ga. Bd. 9*, *S.* 354；四四七ページ〕）。

〔訳注1〕ソフォクレス『アンティゴネー』、三三二—三七五行（「不気味なものは数多くあるが、人間以上に不気味なものはない」）を、ヘルダーリンは次のように翻訳している（Hölderlin, *Großer Stuttgarterausgabe*, Band 5〔以下*SA. Bd.*と略す〕, S. 219）。

　尋常ならざるものは多い。だが何物も
　人間以上に、尋常ならざるものはない。

Ungeheuer ist viel. Doch nichts
Ungeheuerer, als der Mensch.

また、ヘルダーリンがそれ以前に同じ箇所を翻訳した断片では、deinon が ungeheuer ではなく、gewaltig と歴史性《イストリシテ》（歴運性《イストリアリテ》）と（再）開始（始源）の図式が、その政治的「参画〔enrôlement〕」の後まで生き残っているとしても、それはたいした重要性をもたない。じつを言えば、この図式が「参画」を可能なものとしたということさえありうるのである。そしてさらに、そのような「参画」が、ニーチェによって創始され、『存在と時間』によって引き継がれたとされる伝統の軌跡のうえで生じえたというだけにとどまらず、ある種の「強迫観念《オブセッション》」のうちに書き込まれていたということが、絶対に本質的だということがありうるとしても、それはたいした重要性をもたないのだ。その強迫観念《オブセッション》は、まずはヘルダーによって、そして大部分のロマン主義的歴史記述によって、はるか以前から「ドイツ・イデオロギー」の起原に据えられてきた――ここでの「ドイツ・イデオロギー」とは、ナポレオン戦争とウィーン条約（そしてその続きは、もちろん……）によって強化された極右汎ゲルマン主義の臆見《ドクサ》のことである。

もう一度、引用しておこう。それは数段落あとの箇所である。

> 芸術が生起するとき、すなわちあるひとつの始源があるとき、そのときつねに、ある衝撃〈Stoß〉が〈歴史〉のなかに到来し、〈歴史〉が初めて、あるいは再び開始する。ここでいう〈歴史〉とは、〔……〕時間のなかで生じる何らかの事件の連続のことではない。〈歴史〉とは、ある民族を、それに添えられているもののなかに置き移すとともに、その民族に果たすべく課せられたもののなかに置き移すことである。

［……］

芸術は、〈歴史〉を根拠づけるという本質的な意味において〈歴史〉なのである。

芸術は真理を発現させる（*entspringen*）［当然、ここで問題となっているのはアレーテイアである］。

訳されている（*S.A. Bd. 5, S. 42*）。

幾多強力なるものはある。だが何物も
人間に勝り強力なることはない。

Vieles gewaltige giebts. Doch nichts
Ist gewaltiger, als der Mensch.

ハイデガーはこれらの翻訳を明らかに念頭におきつつ、一九三五年の講義「形而上学入門」および一九四二年の講義「ヘルダーリンの讃歌『イスター』」では、この箇所を次のように訳している（*Ga. Bd. 40, S. 155*；一六六ページ、*Ga. Bd. 53, S. 65*；七九ページ）。

不気味なものはさまざまある。しかし何物といえども
人間以上に不気味なものが聳え立って活動することはない。

Vielfältig das Unheimliche, nichts doch
über den Menschen hinaus Unheimlicheres ragend sich regt.

［訳注2］*Êthos anthrôpôi daimôn* の断片については、例えばディールス＝クランツの初期ギリシア断片集では「性格は人間の運命である」などと訳されているが、ハイデガーは、このような *êthos* と *daimôn* をそれぞれ「性格」「運命」とする解釈を、心理主義的であるとして斥け、むしろこれらの語の本来的意味（住み慣れること／尋常ならざるもの）を強調している。なお、この断片の解釈をめぐっては、『ヒューマニズムについての書簡』以外にも、一九四四年の講義「ヘラクレイトス」などで論じられている（*Ga. Bd. 55, S. 349-350*；三八五ページ）。

芸術は創設しつつ見守ることとして、[21]存在者の真理を作品において発現へともたらす(*erspringen*)。何かを発現へともたらすこと（*etwas erspringen*）、創設する跳躍において（*im stifenden Sprung*）何かを本質的来歴から存在へともたらすこと、これが根源（*Ursprung*）という語の意味するところである。

芸術作品の根源とは、すなわち同時に、創造者たちと見守る者（*der Bewahrende*）たちとの根源のことであり、それはある民族の歴史的現存在の根源を意味するが、そのような根源は芸術なのである。それというのも、芸術はその本質においてひとつの根源であり、それ以外の何ものでもないからである……[22]。

したがって、ここには、いわゆる「原始回帰《プリミティヴィズム》」に対する、冷ややかであきれるほどに自発的な軽蔑もあるが、これらの主張の「政治的」過重負荷をまさしく超えたところにおいて重要なのは、そのような軽蔑でさえない（この点については、講演の最初の版である一九三五年の「芸術作品の根源から」は、よりいっそう嘆かわしいものといえる。その「民族中心主義」は、貧弱で自己満足しきっていて、自らに問い掛けないとは言わないまでも、一瞬たりとも自らを疑わないからである。さらに言えば、少なくとも予想外な「進歩主義」、そして革命的な「急進主義」においても――両者は共存しうるのだが――三五年の版は嘆かわしいものといえる）[23]。本当のところ重要なのは、芸術に、そしてただ芸術にのみ、あるいはほぼ芸術にのみ、それ以後、始源の使命［tâche］もしくは任務［mission］が割り当てら

（20）［訳注］*Ga. Bd. 5*, S. 64；八一―八二ページ。

（21）ハイデガーは、ここでは、*wahr* という語根（° *wardôn*, サンスクリット語の -*vara*-, フランス語の gare）を活用している。この語根は *warten*［待つ、奉仕する、手入れをする］、*Wartung*［世話、整備］（*cf.* フランス語では garder［世話をする、保つ、守る］、garde［保管、保護］）といった語だけでなく、*Wahrheit*［真理］や、多くのその他の派生語（*bewahren*［保護する］、*wahrnehmen*［知覚する］、*verwahren*［保管する］、*bergen*［救助する、収容する、庇護する］、*die Wahrsage*［占い］、*die Wahrnis*［保護］等々）。他にも同様の箇所はあるが、なかでも「アナクシマンドロスの箴言」を参照することができる（*Chemins*… *op. cit.*, p. 419［*Ga. Bd. 5*, S. 348；三八八―三八九ページ］）。一九三六年の「芸術作品の根源」をめぐる数々の講演において、「見守る者」という用語は、始源の作品をその運命から歴史的《イストリアル》に保存する民族を指し示すために用いられている。この語は、直接に政治的かつ宗教的な響きをもった、このようなある種の「語源学主義」から出発して理解されねばならない。

（22）［訳注］*Ga. Bd. 5*, S. 65-66；八三―八四ページ。

（23）今度は気が滅入るので、引用するだけにとどめたい（当然のことながら、エマニュエル・マルティノによる翻訳を用いるのであるが、その理由は、それが存在する唯一の翻訳だからというだけでなく、それが簡潔で正確、とりわけ稀に見るほどの質の高さをもち、読解可能でありかつ理解可能だからでもある）。「始源はすでに、その退去において、終焉を含んでいる。しかしながら、始源は、「原始的」なもの（*das "Primitive"*）の初歩的な性格をもっているのでは決してない。原始的なものは、跳躍（*Sprung*）と内的な先んじての跳躍（*Vorsprung*）を欠くがゆえに、つねに未来を欠くのである。それは自身から何も解き放つことができない。なぜなら、それは自らがそのうちに捕らえられているところのものしか保持しないからである。これに対して、始源は決して原始的なものではなく、つまり根源を欠いた（*ursprunglos*）ものではなく、まさしく始まりの源となるのである。それは閉ざされた〈まだない〉である。外見上のぎこちなさ、生硬さ、さらには乏しさというものは、閉ざされた充溢に対する異常なまでの硬さにほかならない。始源が跳躍へと到るとき、つねに、ある種の逆戻りの外見が伴う。というのも、始源は、安全でよく知られた軌道のうえに、従来のものをふたたび導いたりはしないからである。従来のものはその場にとどまり、たがが外れて支離滅裂となる。錯乱と消耗が猛威を振るう［ここで忘れてはならないのは、この文章が書かれたのが一九三五年であり、またそれが暗示しているのがペリクレスの世紀だけではないということである（引用者注）］。これは、使い古された

れるということである。というのも、他方で根源における〈歴史〉についての知が、あるいは *Ur-Geschichte*〔原-歴史〕についての知が神話（論）にのみ属するとすれば、（再）開始の権能としての芸術は本質的に神話であるということが、まったくもって明らかになるからである。

ハイデガーは、やはり私の知る限りでは、一度としてそれを明示的に述べたことがなかった。つまり、引用符に入れている場合をのぞけば、ミュトスという語を用いたことは、一度としてなかった。ギリシア語を単に引用する場合、あるいは、彼の同時代人たちが頻繁に行なっていたような哲学的ないしは「イデオロギー的」な使用、いずれにせよ識者たちによるこの語の使用を暗示する場合以外には、この語を用いたことがなかったのである――同時代人たちと言ったが、以後、省略して「ニーチェ主義者」たちと呼ぶことにしたい。たとえ、イデオロギー的な「ニーチェ主義」が、ニーチェによって実際に書かれたものとは、ほとんど無関係だとしてもである。そのことは、私だけが述べていることではないのだが。

そうは言うものの、明確にしておかねばならない（いずれにせよ、この種の事柄が明確であるということは、それほど頻繁にあることではない）。「芸術作品の根源」のどの版でも同様に、芸術作品の根源を扱った箇所において、芸術が本質的に *Dichtung*〔詩作〕であると仮定され、つまり *Sprache*〔言語〕であると仮定されるや、その本質における言語は、「名づけること」（*nennen*）と「言うこと」（*sagen*）として規定される。ところで、ここでの〈言うこと〉とは、「空け開くという仕方での投企」にほかならず、「そこでは、存在者がいかなるものとして開かれたもののうちへと到来するかが告げられる」[24]。

言語の〈言うこと〉は、したがって、こんどはテクネーそのもの、根源としての知にほかならないものとなる。それは、私がこれまで多くの機会に、「根源的テクネー」と呼んできたところのものである。しかし、この知は、あるいはこのテクネーは、以後、本質的に *Dichtung*［詩作］に属することになる。「詩作は、ここでは、きわめて広義に考えられていると同時に、言葉や語とのきわめて緊密な本質的統一において考えられているのであって、そのため次の問いが開かれたままとどまらねばならない。すなわちその問いとは、芸術（*Kunst*）というものが、しかも建築芸術から〈詩《ポエジー》〉に到るまでの、あらゆる様態における芸術が、詩作の本質を汲み尽くしているか否かという問いである」(25)。そして、こんどは、さらにこの詩作それ自体が、*Sage*［伝説、伝承］にほかならないものとして定義される。それはギリシア語では *muthos*、ラテン語では *fabula* すなわちヘルダーリンが用いることのできた意味における「伝説［fable］」である。彼は、注目すべき例において、この語を次のように用いている。「伝説［Fabel］、文芸的な〈歴史〉観、天上の建築術が目下のところとりわけ僕の心をひきつけている。なかでも特に、

ものが次第に無力さを増大させることの帰結であって、始源そのものの帰結ではない。なぜなら始源は、より奥深い根底をもつからであり、それゆえ、従来の根底をその底にまで掘り進まねばならないからである。したがって、逆戻りという不可避的な外見のもとに没落があるのか、あるいは興起があるのかということは、久しく両義的なまま留まりうるのである」。*De l'origine de l'œuvre d'art*, éd. et tr. E. Martineau, Authentica, 1987, pp. 45-47.

（24）［訳注］*Ga. Bd. 5*, S. 61；七八ページ。

（25）*Chemins...*, *op. cit.*, p. 83-84.［*Ga. Bd. 5*, S. 62；七九ページ］

ギリシア的なものとは異なる国民本然のもの」が[26]」。

これをハイデガーの語彙で翻訳すると、次のようになる。

> 投企しつつ〈言うこと〉が詩作（*Dichtung*）である。すなわち世界と大地の *Sage*［伝承（仏訳では fable）］、両者の抗争の遊動空間、それとともに神々のあらゆる近さと遠さの場の *Sage* である。詩作とは存在者の非隠蔽性の *Sage* である。〈言うこと〉のうちで、ある民族にとってその世界が歴史的に立ち現れ、大地が閉鎖されたものとして保管されるが、その時々の言葉は、このような〈言うこと〉の生起なのである。投企しつつ〈言うこと〉は、言われうることの準備において、言い得ぬことをも、言い得ぬものとして世界にもたらす。このような〈言うこと〉において、ある歴史的民族に、その本質を把握するための諸概念が、すなわちこの民族の〈世界史〉への帰属を把握するための諸概念が、あらかじめ刻印されるのである（*geprägt*）[27]。

したがって、このような伝説《ファーブル》ないしは神話が、民族の歴史的《イストリアル》な現存在の根源をなし、民族は、そこから〈歴史〉のうちにおける自らの存在様態の刻印、打刻、「類型《タイプ》」（*tupos*）を受け取る。ともかく、そのタイプを受け取るのである。多くを述べるまでもないが、タイプというこの語——あるいは、一九三〇年代のこのイデオロギー素——は、きわめて強い政治的な負荷とともに理解される。プラトンの『国家』第二巻における神話の扱いを参照しつつ——ハイデガーはその扱いを、ほかの前置きなしに反転させ、あるいは転覆させるのだが――、私はもうずいぶん以前に、神話の「類型記述的《タイポグラフィック》」な機能について、思い切って論及したことがあった。私は、その機能が、ある種の「存在‐類型論」(28)によって裏打ちされていると考えたのである。神話は、型押しする＝プリントする［imprimer］、あるいは感銘を刻み込む＝感光する［impressionner］がゆえにのみ効力を発する、つまり範例的なものとなる。性向《ヘクシス》一般、もしくはハビトゥス、お望みとあれば、実存の様式《スタイル》ということもできる。あるいはエートス（ニーチェは、初期ギリシアより西洋に現れた偉大な「道徳性」の全体を視野に入れて以来、その概念を再加工

（26）レオ・ゼッケンドルフ宛て書簡、一八〇四年、三月十二日。ドゥニーズ・ナヴィル訳。Hölderlin, *Œuvres*, Paris, Gallimard, coll. « Bibliothèque de la Pléiade », 1967, p. 1014.〔*S.A. Bd. 6-1*, S. 437-438；『ヘルダーリン全集』、手塚富雄他訳、河出書房新社、一九六六―一九六九年、第四巻、四七六ページ〕
［訳注］引用内で「国民本然のもの」と訳したのは das Nationelle。ヘルダーリンはゼッケンドルフ宛て書簡以外にも、一八〇一年十二月四日のベーレンドルフ宛て書簡（*S.A. Bd. 5*, S. 425-428；『ヘルダーリン全集』、第四巻、四六三―四六六ページ）等、随所でこの語を用いている。ヘルダーリンの仏訳では、das Nationelle と区別して、das Nationelle を le natinel と訳しているが、この綴り自体は、当時のドイツでしばしば用いられた綴りであり、ラクー＝ラバルトは、特に、フランス革命からの影響を指摘している。いずれにせよここでは、ラテン語の nasci、あるいは natura に由来するフランス語の nation という語の語源的広がりを強調する意味で、le nationel を「国民本然の」と訳した。

（27）*Chemins...*, *op. cit.*, p. 83〔*Ga. Bd. 5*, S. 61-62；七九ページ〕（翻訳を多少変更。また、ここで指摘しておかねばならないのは、一九三五年の版を訳したエマニュエル・マルティノは、これと類似した箇所の訳で、*die Sage* を「伝説［la légende］」としているということである）。

（28）*Cf.* « Typographie », in *Mimesis des articulations*, Paris, Aubier-Flammarion, 1975.

していた)。このような存在‐類型論は、周知のように、ここでも作動しているのである。それはハイデガーの思考と語彙とを特徴づけている。永久にというわけではないにせよ、それは長期的に彼の思考と語彙とを特徴づけることになるだろう(とりわけトラークルの注釈における、*Prägung*〔刻印〕、*Schlage*〔打撃、打刻、型〕、*Geschlecht*〔性、種族〕等々)。存在‐類型論は、おそらくハイデガーにとって、彼の「脱構築」の試みに彼自身が対置することになった最大の抵抗の場であり、その抵抗は、彼のさまざまな「政治的」執着のすべてに及ぶものだったのである。

このように神話は、ある民族を〈歴史〉に刻み込むことであり、また民族がそのようなものとして自己同一化し、あるいは自己固有化するための手段であるだろう。すなわちそれは、自らの世界が、とりわけ自らの国家が創始され、創設されるようにするための手段であり、自らの神々を迎え入れ、尊重する、さらにはその神々を信頼し、統治されるに任すための手段であるだろう――とはいえ、ある意味で、あらかじめその神々を認めさせておかねばならない、つまり形象化〔figurer〕し、あるいは「仮構〔fictionner〕」しておかねばならないのだが。少なくともそのような機能を、ハイデガーは、一九三五年から一九三六年にかけての講演において、「自然法論文」のヘーゲル、あるいは『精神現象学』の(*Sittlichkeit*〔人倫性〕を扱った章における)ヘーゲルを踏襲しながら、「言語作品」(あるいは「言葉の作品」、*Sprachwerk*)に、明示的に割り当てていた。彼はこう主張する。「悲劇においては、古き神々に対する新しき神々の闘争が繰り広げられている。言語作品は、民族の〈言うこと〉において生じるがゆえに、こうした神々の闘争を語ることはない。むしろ言語作品は民族の〈言うこと〉を転じて、いまや、あらゆる本質的な言葉がこの闘争を繰り広げ、聖なるものと聖ならざるもの、偉大なものと卑小なもの、勇敢なものと臆病なもの、高貴なものと浅薄なもの、主人と奴隷とを決定するに至らしめる（ヘラクレイトス、断片五三番を参照）[29]」。このような仕方で、自己固有の本質へともたらされた民族の実存を導く諸概念が、「あらかじめ刻印され」ているわけである。単にドイツ語における *sagen*［言う］と *Sage* との類比ゆえに、またギリシア語の *muthein*［話す］と *muthos*［話、語られたこと、神話］（さらにラテン語の *fari*［話す］と *fabula*［物語］）の類比ゆえに、ここで問題になっているのが神話だと考えているのではない。また、*Sage* が大地と世界との抗争ないし闘争をめぐる *Sage*、すなわち哲学の伝統においてピュシスとテクネー、自然と芸術、自然と文化（あるいは歴史）、等々と名づけられてきたもののあいだの闘争をめぐる *Sage* であるがゆえに、そう考えるのでもない。それは、*Sage* が、同時に――それ以前にというわけではないとしても――「神々のあらゆる近さと遠さ」についての *Sage* だからなのである。ハイデガーにとって、〈詩［Poème］〉とは〈神話素［Mythème］〉であり、最後までそのようなものでありつづけた。なぜなら、〈詩〉は、たとえそれが神的なものの不在化ないしは世界の脱神格化（この *Entgötterung* という語は[30]、一九三〇年代において、マックス・ヴェーバーの *Entzauberung*

（29） *Chemins...*, *op. cit.*, p. 46.〔*Ga. Bd. 5*, S. 29；四〇ページ〕
（30）〔訳注〕*Ga. Bd.* 40, S. 228；二四二ページ。

［脱魔術化、脱呪術化］と、明らかに似かよった用語である）のみを述べるべきであるとしても、本質的に神学的なものだからである。一九三六年の講演のひとつでは、「［……］神の不在というこの悲運ですら、世界が世界となる仕方のひとつである」と述べられている。[31] そして、一九六六年の名高い遺言的な宣告（「かろうじてただ神のようなものだけが、我々を救いうるのです」、云々）を（改めて）考慮に入れずとも、またこれと正反対のことだが、彼によるあらゆる宗教性への執拗な拒否（*religio* はローマ的概念である、等々）を（改めて）考慮に入れずとも、神話は、周知のとおり、ハイデガーによれば、聖なるもの［le sacré］（あるいは神聖なるもの［le saint］）の開けとその可能性にほかならない。また、そのような資格において、神話とは、〈論理〉の度を越した要求の指標であると同時に、〈宗教〉の情念的《パテティック》な憑依の指標にほかならない——ここでの指標［index］という語は、厳密に、ギリシア語の *deixis*［示し］、ラテン語の *dictamen*［指示、啓示］[32]、ドイツ語の *Dichten*［詩作すること］から理解しなければならない。あるいは *Zeichen*［記号］を貶めて *Zeigen*［示すこと］を高め、「意味すること」を貶めて「示すこと」を高めるという反言語学的な価値づけから理解しなければならない。だが、〈論理〉と〈宗教〉といっても、それらは、西洋形而上学の展開の全体を指し示すためにハイデガー自身が存在－神論［onto-théiologie］[33] の名のもとに境界画定したものと、端的に重なり合うことはない。前もって述べておきたいのだが、早まってそのように考えるということのないように願いたい。

この点を力説するのが「プロローグ」の目的ではない。したがって、ハイデガーの晩年の講義（一九五一年の大学への復職後の講義）に見出されるいくつかの命題を、参考までに喚起しておくにとどめたい。これらの命題は、然るべき時に、詳細に分析される必要があるだろう。

ギリシア人にとって、〈言うこと〉は、明らかにすること、現出させることであり、そこで現出するのは、現れること、すなわち現れることのうちで、その公現のうちで本質化するところのものである。

ミュトスとは、その〈言うこと〉のうちで本質化するもの、その呼び求めの非隠蔽性のうちで現れるものである。

ミュトスとは、あらゆる人間存在にあらかじめ、そして根本から襲いかかってくる呼び求めであり、輝き現れるもの、本質化する存在者を思考させる呼び求めのことである。ロゴスが言

（31）*Chemins…, op. cit.*, p. 48.〔*Ga. Bd. 5*, S. 31；四二ページ〕

（32）［訳注］dictamen の訳語および、deixis, dictare, Dichten との関連については、本書の一六五ページおよび一七四ページを参照されたい。

（33）［訳注］ハイデガーの用語としては、彼が一九五七年の講演「形而上学の存在‐神論的構成」などにおいて用いた「存在‐神論［Onto-theologie］」という語が一般に知られているが、ここでラクー＝ラバルトが用いている Onto-theiologie という用語は、それをより厳密に言い表したもの。すなわち、théologie が問題にしているのが teos［神、個別の神あるいはキリスト教的な神］であるのに対して、théiologie が問題にしているのは to teion［神的なもの］である。

うのも、これと同じことである。(34)

［……］

ミュトスがロゴスによって破壊されたと考えるのは歴史学と文献学との先入見であり、この先入見は近代の合理主義がプラトン主義にもとづいて継承したものである。［……］宗教的なものは、決して論理学によって破壊されるものではない。それはただ、つねに、神が退去することによってのみ破壊されるのである。(35)

たしかに、ハイデガーは、*Sage* の凡庸な解釈、あるいは凡庸に人間学的‐神学的な解釈のすべてを、過つことなく、あからさまに遠ざけるだろう。もっとあと、ずっとあとになって、彼は、『言葉への途上』として編まれることになる数々の講演の最後のもの（「言葉への道」）において、この点を明確にしようとする。「この *die Sage* という語は、他の多くの語と同じく、その価値を低めるような意味でしばしば用いられ、たんなる風評とか噂、保証のないもの、信用にあたいしないものとされている。だが *Sage* は、ここではこのような意味で考えられているわけではない。またそれは、〝神々や英雄の伝説《サガ》［die Götter- und Helden- sage］〟について話題にするときのような本質的な意味で考えられているのでもない。［……］この語の最古の用法にしたがって、我々は *Sage* を、示すことという意味での〈言うこと〉から理解したい……(36)」このあとに、ロゴス・アポファンティコス［言明的命題］をめぐる従来の分析が、そして芸術作品の根源に関する一連の講演において *Dichtung*［詩作］の本質として述べられていたことが、いくらか異なった言い回しで繰り返されている。

Sage なるものを、「伝説《サガ》」、すなわちドイツ北欧的な、そして実のところヴァーグナー的な意味での「伝説《サガ》」と混同してはならないとしても、ミュトス概念そのものがそこで再加工されているという嫌疑がなくなるわけではない。おそらくその再加工は、それ自体ラティオと同一視されたロゴスをミュトスに対立させようとする公然たるファシズム的要求に、ミュトスが絡め取られないようにするために行なわれたのであろう。いずれにせよ、ヘルダーリンを最初に扱った一九三四年の講義以来、ハイデガーが言語活動《ランガージュ》あるいは言語《ラング》の「秘密」の根源をホメロスに割り当ててきたという事実が、なくなるわけではない。(37) その秘密（*Geheimnis*）は、*unheimlich*［不気味］な始源の秘密と同様に窺い知れず、つまり非隠蔽化されえないもの［l'indécelable］であり、まさしくその始源のあとで非隠蔽化されるのは、非隠蔽化されえないものから発して自らを非隠蔽化することのできる、唯一のものなのである（*die Kunst* すなわち技芸は、ハイデガーが好んで繰り返し述べたように、*können* すなわち権能に由来するのである）。

手間を省くために、今回もまた、『形而上学入門』のテクストを引くにとどめたい。

（34）『存在と時間』第七節で行なわれたロゴス・アポファンティコス［言明的命題］をめぐる分析の数多くの変奏のひとつを、ここに容易に認めることができるだろう。
（35）［訳注］*Ga. Bd. 8*, S. 12；『思惟とは何の謂いか』、四日谷敬子＋ハルムート・ブフナー訳、『ハイデッガー全集』別巻三、創文社、一三ページ。
（36）*Acheminement vers la parole*, tr. François Fédier, Paris, Gallimard, 1976, p. 240.［*Ga. Bd. 12*, S. 242；三一三ページ］
（37）［訳注］*Ga. Bd. 39*, S. 184；二〇六ページ、など。

言葉の本質を問うとき、つねに言葉の根源への問いが浮上する。奇妙な仕方で、その答えの探求が為される。言葉の根源への問いに対する最初の決定的な答えは、こうである。この根源は秘密である。その理由は、人間がいままで十分に賢しくなかったからではなく、すべての賢しさや鋭さが及ぶ前に、すでにそれが捉えそこなわれていたからである。秘密のものであるという性格は言語の根源の本質に属する。しかしそこには次のことが含まれている。すなわち、存在への人間の侵入に際して、言語はひとえに、圧倒するもの、不気味なものから（*aus dem Überwältigenden und Unheimlichen*）のみ、始まることができた。この侵入において、言語とは、存在が語になることであり、詩作（*Dichtung*）であった。言語とは原詩作（*Urdichtung*）であり、その原詩作において、ある民族は存在を詩作する（*dichten*）。反対に、ある民族は偉大な詩によって〈歴史〉に踏み入るのだが、その偉大な詩作（*Dichtung*）が、当の民族の言語を形態化（*Gestaltung*）し始めるのである。ギリシア人は、ホメロスによって、この詩作を創造し、経験した。言語は、彼らの現存在にとって、存在への侵入として顕わな（*offenbar*）ものとなった。すなわち、存在者を空け開きつつ形態化すること（*als eröffnende Gestaltung des Seiendes*）として顕わなものとなったのだ。[38][39]

この引用は、ヘルダー、ヘーゲル、シェリングが――そして他の者たちが――、それぞれの仕方で反復しているヘロドトスを、独自の文体と語彙において反復しているだけではない。[40] それは反対に、明白な自己満足をもって、少なくともある種のキリスト教に由来する、「宗教的」な重層決定を作用させている。すなわち *Mysterium magnum*［大いなる神秘］と *Offenbarung*［啓示］である。[41] したがって、ナチ

(38) すでに引用したものも含めて、ジルベール・カーンによる翻訳に多少の変更を加えつつ参照している。

(39) ［訳注］*Ga. Bd. 40, S. 180*；一九二ページ。

(40) ［訳注］例えばヘーゲルは、『宗教哲学』において、こう述べている。「神々は、作られ、詩的に創作［dichten］されているが、しかし架空的に捏造［erdichten］されてはいない。神々はなるほど、現存するものに対立して人間の想像から生じるのであるが、しかし本質的な形態として現れるのであって、この所産は同時に本質的なものとして知られている。それでヘロドトスが、ホメロスやヘシオドスはギリシア人たちに彼らの神々を作ったと言うとき、それはこの意味に解されるべきである」。*Vorlesungen über die Philosophie der Religion*, Suhrkamp, S. 119；『宗教哲学』、木場深定訳、岩波書店、一九八二年、下巻、三六八ページ。なお、ヘロドトスについては、『歴史』、第二巻、五三を参照。「しかしそれぞれの神がどこから生まれてきたのか、あるいはこれらの神は大初からずっと存在していたのか、さらには神々はどういう姿をしているのか、といったことなどを彼ら［ギリシア人］はいってみれば昨日一昨日まで知らなかったのである。ヘシオドスやホメロスにしても、私よりせいぜい四百年前の人たちで、それより古くはないと見られるが、ギリシア人のために神の系譜をたて、神々の称号を定め、その権能を配分し、神々の姿を描いて見せてくれたのはこの二人なのである。」

(41) ［訳注］Mysterium magnum［大いなる神秘］は、ドイツの神智論者ヤーコプ・ベーメ（一五七五―一六二四年）の代表的著作（一六二三年）の題名。また、Offenbarung はドイツ語では「啓示」を意味すると同時に「黙示録」を意味する単語で、後期シェリングが『啓示の哲学』(*Philosophie der Offenbarung*) などにおいてこれを論じている。ハイデガーは、『シェリング講義』において、ルター（一四八三―一五四六年）からベーメに受け継がれたドイツのプロテスタント神学の伝統について、次のように述べている。「むろん、この際さらに考慮されねばならないのは、ドイツのプロテスタンティズムによる宗教改革においてはローマ・カトリックの教義が改変されただけではなく、キリスト教的存在経験のロマンス語系民族的・オリエント的な造型も変更さ

ズムに対するハイデガーの狡猾な戦略と、基礎的存在論の否定法《アポファシス》の戦略とを、つねに同時に考慮に入れねばならないのだが、*Sage*が、もっとも広く流布している意味での「神話（論）」という意味での神話に他ならないという保証は、何もないことになる。〈詩〉が、言語としても、詩作《ポエジー》としても根源的であるのは、それがそのまま、民族が自らの歴史的《イストリアル》な実存に「類型を刻印される」際の出発点となるような、神話であるという限りにおいてなのである。根源は、そもそも神話的［mythique］なものである。あるいはお望みとあれば、始源は「創設神話」の突発的出現である、と言ってもよい。要するに、これらの命題をもっとも卑近な次元に還元するならば、次のことが判明する。つまり、これらの命題は、おそらく他でもない、宗教改革以来のヨーロッパ近代が、大抵の場合、学校教育をつうじて、「国民的叙事詩」という名のもとで夢見てきたもののすべてを含んでいるのである（これは、十九世紀が痛ましくも証明していることである）。だが、これだけでは言い足りない。しかも哀れなまでに言い足りない。

しかしながら、ここから、ひとつの問いを立ててみたい。それは宣言を発するということでは決してない。この問いは、それに、もしかしたらあまりにも単純で、あまりに「初歩的」なものかもしれない。しかしながら、思うに、その問いを立てることは、絶対的に不可欠なのである。それは、我々の時代の必要＝必然性とも無関係ではないからである。

こう言うことができるなら、「我々の」側から見て、つまり、事後的に問いかけるとき、そしてこれ以後、事情を熟知している我々には、神話に対するハイデガーの振舞いは、彼の政治的過誤や妥協から生じたものではなく――それは正反対でさえあるのだが――、ある重層決定をこうむっている、すなわち、少なくとも最初の段階では、不本意ながらも、「イデオロギー的」という以外の形容を見出すことができないような重層決定をこうむっているものと見なしうるだろう。その振舞いは、唐突ではあるが、「国民‐近代主義的［national-modernisme］」なものと言い表せるかもしれない。あるいは、ヘルダーリンのことを思い浮かべるならば、それは「国民本然‐近代主義［nationel-modernisme］」と言い表すことができるかもしれない――それは、ヘルダーリンにとって、一七八九年当時のフランス語を理解する仕方であった。それゆえ、ここでの〈近代〉は、そもそもヘルダーリン的な解釈にしたがって、〈古代〉において到来しなかったものの反復として理解しなければならない――そして芸術は、あるいは政治は、あるいは双方ともに、忘却されたものの想起《アナムネーシス》として、もしくは根源において「潜在」していたが不在であったものの再想起［remémoration］として、理解しなければならない。とはいえ、多分、次のことを見誤ってはならないだろう。この振舞いは、今日の我々から見て、きわめて疑わしく

れたということである。中世にすでにマイスター・エックハルトやタウラーやゾイゼのもとで、また『ドイツ神学』のなかで準備されたものが、ニコラウス・クザーヌスによって、ルターやセバスティアン・フランクやヤーコプ・ベーメによって――芸術においてはアルブレヒト・デューラーによって――新たな手法で、またいっそう包括的な仕方で主張されることになる」（*Ga. Bd. 42, S. 54*；『シェリング講義』、木田元・迫田健一訳、新書館、一九九九年、七六ページ）。

無力に思われるとしても、それはまた、明らかに警告の形をとってもいるのである。すなわちそれは、あらゆる神話（論）的再構成が、幻想であり、誤謬であり、貧弱である、という警告を発しているのである。国民社会主義が引き合いに出し、またそれ以前あるいはその背後で、実際、あらゆる「ドイツ・イデオロギー」が引き合いに出してきた神話は、本質における神話なのでは決してなかった。それは、当時優勢であるとされ、また異議を唱えられていた合理主義（いずれにせよ諸々の「価値」と「意味」が不在であるとされた当時の支配的領域における合理主義）の観点からさえ、あるいは言い換えれば、プラトン主義の単純な――ニーチェ的「誠実さ」を欠いた[42]――反転から発する脆弱な「非合理主義」の観点からさえ表象しうるような、神話だったのである。このような神話は、どこまでも、破れかぶれの混乱した「抗議」の徴候でしかない。したがって、*Sage* は、そのあらゆる外見にもかかわらず（とはいえその外見は脆弱なものではないのだが）、ギリシア語のミュトスを単にゲルマン化したものではないのだ。これに対し、〈党〉の「思想家たち」は、ミュトスを〈ミュトス〉へと迎合的に書き換え、それを「計算的理性」と〈ロゴス〉に機械的に対立させてきた（いずれにせよ、クリーク総長の文章を、あるいはヴァルター・フリードリヒ・オットーの文章をも読まねばならない）。ハイデガーは、確実に、「再神話化」のドイツ的伝統を思考しなおした――そして彼なりの仕方で「反復」した――のであって、それにどっぷり浸かっていたのではない。

　ただ奇妙なことに、ある一点においては、つまり、ある種の「宗教性」については、話が別なのだ。最大限の慎重さをもって、この宗教性という語を用いておきたい。正当な理由をもってカトリシズムを放棄したハイデガーは（その放棄の仕方が、例えば単なる乖離、否認、ブルトマンと宗教改革派神学の発見、等々いかなるものであったとしても）、『哲学への寄与』において、「新たな神」あるいは「来たるべき神」、さらには「最後の神」の問題をはっきりと主題化しているが、その時点からすでに、そして多分それよりはるか以前から、「宗教」に対して、どれほど厳しい言葉にも決して満足はしなかった。「宗教」という概念と事実が、もっぱら「ローマ的」なものであったからである。しかしこのような棄却は、いささかも、「敬虔さ」――ここでは一時的に便宜上、このように呼ぶのだが――を禁じるものではなかった。まったくもってその反対である。「迷いから覚めた」戦後のハイデガーは、「私的な」講演の数々と『ヒューマニズムについての書簡』のような刊行物において、以前の英雄的で執念深い雄弁から、語気の和らいだ、とかく優しげな教説へと驚くべき移行を果たし、もったいぶりと、好意を抱かせるまでの厳粛さを刻み込んだ、ある種の「敬虔主義」を表明するのだが、そこには見せ

（42）［訳注］「誠実さ［Redlichkeit］」ニーチェが『曙光』第九一番断章（「神の誠実さ」）あるいは『善悪の彼岸』第二二七番断章など、さまざまな箇所で用いている語。ニーチェは自由精神の「誠実さ」の由来をキリスト教的道徳のうちに見出す一方で、この誠実さによってキリスト教道徳を含む通常の意味での道徳性が覆されるとする。なお、ここでラクー＝ラバルトは、合理主義と非合理主義の単純な転倒がニーチェ的な「誠実さ」を欠いているとしているが、おそらくRedlichkeitというドイツ語とRede［言説］あるいはギリシア語のロゴスとの関連、またRedlichkeitという語がラテン語のratioの訳語（例えばエックハルト）でもあることなどが念頭に置かれているものと思われる。これについてはJean-Luc Nancy, « Notre probité ! », in *L'impératif catégorique*, Paris, Flammarion, 1983で詳しく論じられている。

びらかしめいたものが含まれているのである。これに限っては、その詐術に何の秘密もない。「潔白証明」の手段として、こうした教化的な態度ほど確実な手段はないだろう。信心は、とりたてて新しい切り札というわけではない。それはおそらく、困難な時代において、唯一の頼みの綱でさえあった。「彼は敬虔な人だ［il est saint homme］！」〔と、ひとに言わせるような敬虔主義〕。このような姿勢を問うことが、真の問いであるだろう。私はそれを、理由はほかにもあるのだが、「原-政治」の問いと呼んでおきたい。

　とはいえ、このような条件において、「敬虔主義」ないしは「神秘的な」（そして田舎への、森への）引退は、我々現代人が迎合的に用いている独特の「安易な」隠語において、ソフトなファシズムと呼ぶようなものに、ほかならないのではないだろうか。あるいは私としては、緩和された、そしてとりわけ、「尊重にあたいするものとされた」「原-ファシズム」と名づけるであろうもの、いずれにせよ、許容可能な、他の数多くの政治-哲学的選択肢と両立しうるものとされた「原-ファシズム」に、ほかならないのではないだろうか。

　断固として、〈詩〉の召命［vocation］を改めて問いなおさねばならない――このことが、ここで私を最終的に導くことになるだろう。そして、単に悟りきった倦怠に、あるいは単に強迫観念《オブセッション》的なルサンチマンに、〈詩〉をゆだねてはならないのである。

詩、哲学、政治

この講演は、当初、一九八七年にカリフォルニア大学アーヴァイン校で発表された。推敲ののち一九八八年にジュネーヴ大学で発表し、また一九九〇年には、ジャック・ランシエールが国際哲学学院において企画したセミナー「詩人たちの政治」のために加筆訂正した（*La Politique des poètes*, Paris, Albin Michel, 1992）。以後、何箇所かの修正がほどこされている。

詩《ポエジー》は哲学の関心を惹くことをやめざるをえないのか？　もう二世紀も前からヨーロッパにおいて哲学と詩とを結びつけてきた絆、すなわち、少なくとも自らの起源に驚嘆し、その可能性に不安を抱く哲学と、少なくとも思考のうちに使命［vocation］を見出し、またその行き先への不安にとりつかれた詩とを結びつけてきた絆を、断ち切らなければならない――必要性もしくは命法［impératif］という意味において――というのか？　哲学は詩を欲することをやめず、また逆に詩も、ここにはたしかに相互性があるからなのだが、真なるものを声高に述べることへのあらゆる希望を断念し［faire son deuil］、そして諦めねばならない――必要性もしくは命法という意味において――というのか？

最近、アラン・バディウは、こうした問いを、今日において哲学するということの――哲学することの可能性の――争点そのものとした。それがなかったら、おそらく私が今このような問いを提起してはいないだろう。あるいはそれは、別の仕方で提起されていただろう。

アラン・バディウは、『存在と出来事』において、だが特に、『哲学のための宣言』――それにしても非常に決然とした表題である――においてより簡潔かつ断平たる仕方で、彼の言うところの「詩人たちの時代」（それはヘルダーリンからツェランまでの、〈詩［Poème］〉がもっぱら哲学的言説に身を委ね、あるいは悦んでそれを受け入れる時代である）の終焉を暴いてみせる。[1] それによって、哲学は、そのものとしての平静を取り戻しつつ〈詩［Poème］〉に背をむけるという固有の課題［tâche］を定められ、当初からの使命［vocation］である〈数学素［Mathème］〉へと身を捧げることになる。あるいはより正確には、哲学は、その諸条件（政治、愛、詩、数学）の原初的な四元集積［quadrature］を、全体として再構成することになる。しかしながら、バディウのテーゼを印象深いものとしているのは――このように短く要約したほどには単純なものではないのだが――、その全体的性格、その確信、あるいはそれがある伝統を反転させる際の粗暴さである。その伝統とは、彼自身が見誤ることなどありえない伝統であり、彼がそこに、最終的に、私を含めて何人かの者たちを組み込んでいるところの伝統である。しかしながら、私には、それが「議論の余地をはらんでいる［discutable］」と思われるのである。どういうことかと言うと、まずもって私は、このテーゼを、その作者とともに議論の俎上にのせる必要がある――しかもそうしなければならない［impératif］――と、これまでさまざまな機会に考えてきた（彼のテーゼを評価したうえで、このような議論の必要性を考えてきたのだということを、ここでは述べておかねばならない）。しかしまた、「議論の余地をはらんでいる」ということは、次のことも同時に意味している。すなわち、これらの議論にもかかわらず、あるいはこれらの議論のせいで、彼のテーゼは、少なくともそれが述べられているところの語法において、正しくないように思われるのである。

正確さ［justesse］という意味においても、また、公正さ［justice］という意味においても、正しくないのである。だからこそ、私は、それについて考えていることを皆さんに説明したいのだ。今日そのことが必要であり、あるいはむしろ、そうでなければならない［impératif］と、私には思われるからである。実際、バディウも承知しているように、その賭金は莫大である。ここで賭けられているのは、まさしく詩《ポエジー》と哲学と政治の可能性以外の何ものでもない――おそらくそれぞれの可能性は相互に排除しあうのだが。少なくともそれは、ハイデガーが我々に伝えた遺産であり、引き受けるのが困難だと言うだけでは到底不十分なほどの遺産である。そしてこの点についてはバディウに同意したいのだが、ここでは、態度を決めることが避けられないのである。

事態をはっきりさせ、議論の争点を明確なものとするために、まずは簡単に、しかし可能な限り忠実に、バディウのテーゼを、そして彼の企てを振り返っておきたい。

バディウの企ての意図するところを要約するならば、彼は哲学の終焉を宣言し、あるいはその閉域を指し示す（そして測量する）にとどまらず、じつはその彼方への一歩を踏み越えることで哲学を新たに可能なものとしようとしているということになる。この意図は、まったくもって明白な仕方で、

（1）［訳注］Alain Badiou, *L'Être et l'Événement*, Paris, Seuil, 1988 ; *Manifeste pour la philosophie*, Paris, Seuil, 1989 ; 共に藤原書店より近刊。「詩人たちの時代」は『哲学のための宣言』第七章の題名であり、またこのテーマをバディウは、ジャック・ランシエールの企画した国際哲学学院でのセミナー「詩人たちの政治」でもとりあげている。Cf. Alain Badiou, « L'âge des poètes », in *La politique des poètes. Pourquoi des poètes en temps de détresse*, Paris, Albin Michel, 1992, pp. 21-38.

プラトンの〈創設的〉挙措を繰り返すものとして示される。プラトンを再開始せねばならない――これは必然性あるいは命法である。したがってまた、詩に対しても、放逐と排除という、それ自体創設的な挙措を繰り返さねばならない。ジャック・ランシエールも述べているように、『存在と出来事』は、哲学が真なるものの政治を支えることができるように詩人たちを立ち去らせるという、プラトン的な挙措を反復すべきだと、あからさまに呼びかけている」[2]。この定式は強調しておきたい。それというのも、この定式が、おそらくバディウ自身の仕方よりもむしろプラトン的な仕方で、詩と哲学と政治とを関連づけているからである。

バディウの語彙を借りて言えば、問題なのは、詩的条件（のみ）への哲学の「縫合を解く［désuturer］」ことである。というのも、詩的条件は、哲学がそこに起源をもつところの「類を生み出す過程［procédures génériques］」の領域全体を構成する四条件のひとつにすぎないからである。したがって、問題なのは、科学という条件のみへの縫合（実証主義）、あるいは政治という条件のみへの縫合（マルクス、数々の全体主義）を解くために、哲学が自らを〈詩〉へと「委ねた」この時代――十九世紀、それも一九四五年もしくはそれ以降まで引き延ばされた十九世紀――に、終わりを告げる（あるいはその終わりを認識する）ことなのである。ニーチェからハイデガーまで、とバディウは言う。（この年代区分については、あとで再検討するとして、ここでは単純に、次のことを指摘しておきたい。すなわちバディウは、ハイデガーを十分に真剣に受け止めて、このような縫合解除［désuturation］のうちに「主要な争点」と「最高の困難」があると主張しているのである。それも今日において[3]。

こうした背景のもと、バディウは、最終的にはハイデガー的な仕方で、ヘルダーリンからツェランに到る詩人たちの時代を、次のように定義する。すなわちそれは、詩が、哲学の失墜に罪責感を抱きつつ、自らを思考の作品に仕立てあげた時代であり、またニーチェが述べたように、プラトン的な対抗関係の意味を転倒しつつ、詩が、「そのなかで存在と時間に関する命題が実行されるところの言語の場所」[4]を占めた時代でもある。したがって、詩は、哲学を代補するためのものなのである。ところで、この時代は一巡を終えてしまった。『宣言』も認めているように、「パウル・ツェランの作品は、詩人たちの時代の末端において、しかも詩の内部から、その時代の終焉を表明した。ツェランはヘルダーリンを完遂した」[5]。今日、一連の出来事によって、哲学が数あるなかの一条件(のみ)へと縫合する状態が解かれることが、必要となっている——ここでの「出来事」は、バディウ的な意味で理解しなければならない。出来事は、「存在‐としての‐存在‐でない‐もの」の生起、代補あるいは余‐計なもの[surnuméraire]の次元の生起(というのも数学は「存在‐としての‐存在」の学だからである)[6]であり、したがってそれは、知から免れ、決定不可能あるいは識別不可能で、あらゆる現前化に抗いつつも、

(2)［訳注］連続セミナー「詩人たちの政治」を導入するにあたってのランシエールの言葉。
(3)［訳注］Badiou, *Manifeste pour la philosophie*, p. 48.
(4)［訳注］*Ibid.*, p. 49.
(5)［訳注］*Ibid.*, p. 58.
(6)［訳注］*Ibid.*, p. 60. sq.

顕在態において、事後的に、真理とみなしうるものであり、そのような次第で、〔出来事への〕介入と忠実さが要求されるのである。哲学に一方的な縫合解除を課す一連の出来事の領域のうちにあって、ツェランの作品は、哲学の〈詩〉への縫合の必然的な解除を思考させる出来事である。(7) このような意味で、バディウは、ツェランとハイデガーとの出会い、すなわち「我々の時代のほとんど神話的なエピソード」(8) を解釈する。そこでは、詩人が、詩作の孤独へと――〈詩〉の哲学者によって――送り返されるのである。

最大限に一般化してしまえば、以上が彼のテーゼということになる。私の意図は、断じて、それを単純に糾弾することにあるのではない。いずれにせよ、そのテーゼは、非常に広範な根拠のうえに成り立っているのであって（それは存在論と哲学の本質、ギリシアで発明された〈数学素〉、プラトン主義、近代的反プラトン主義の意味、存在の歴史、近代における数学の変容、等々にかかわっている）、ここでは十分に展開する時間はないのだが、それを論証するとしたら長大な論証が必要となるだろう。ただ、私としてはいくつかの問いを関連づけておきたい。これらの問いは、そのうえ、私が主張しようとしている事柄への、導入の役割を果たすことになるからである。

まず最初にこう問いかけてみたい。バディウが、ハイデガー的な哲学の（形而上学の）規定を本質的な点において拒絶し、したがって哲学の「終焉」の宣言に異議を唱えつつも、哲学についてのあまりに限定された概念――そのプラトン的な定義、あるいは同じことなのだが、存在論という西洋固有の思考様態を数学に限定するところのもの――に依拠しているのではないかという疑念を抱くことは可能であるが（そのような嫌疑に立ち入るつもりはない）、それと同様に、彼が詩の比較的狭い境界画定に頼っているということも、驚くにはおよばないのではないだろうか。とりわけ私の念頭にあるのは、「詩人たちの時代」の詩人リストである。バディウは、慎重にも、それがある種の受賞者リストでないと示唆してはいる。その詩人たちとは、ヘルダーリンに始まり、そのあとに続くのは、バディウが言うところの〈コミューン〉以降の詩人たちのすべて、マラルメ、ランボー、トラークル、ペソア、マンデリシュタームム、ツェランである。しかし、最初の例としてヘルダーリンに準拠しているとはいえ、このリストは、もちろんハイデガー的なものではない。そこにはゲオルゲとリルケ、さらにはゲーテあるいはメーリケが欠けている。それにまた、ソフォクレスをはじめとするギリシア人たちが欠けている。そもそも、ハイデガーは、このような「詩人たちの時代」の定義を認めなかっただろう。その時代には、まったく別の広がり、つまりまったく別の区切りが与えられるかもしれない。しかしまた、当のツェランなら、そこにビューヒナーを加えただろうと思われる（この点に関して、「子午線」

（7）［訳注］『哲学のための宣言』第八章「出来事」を参照のこと。バディウは「数学素、詩、思考＝愛、政治」の領域における出来事が「哲学の回帰」を命じているとしたうえで（p. 59）、各領域における次のような特徴的な出来事を列挙している。すなわち、数学素の領域においては、カントールからポール・コーエンに到る集合論の系譜、詩の領域ではツェランの作品、思考と愛の領域ではラカン、そして政治の領域では六八年革命から文化大革命、イラン革命、ポーランドの「連帯」運動に到る一連の出来事である。

（8）［訳注］*Ibid.*, p. 68.

はきわめて明確である)(9)。そしてヘルダーリンなら、おそらくルソーを――少なくとも『孤独な散歩者の夢想』におけるルソーを――加えるだろう。実際、そこでのルソーは、近代抒情詩の端緒と十分にみなしうるのである。ただし、以上の示唆によって、ベンヤミンがヘルダーリンとイエナのロマン主義の読解から引き出した、散文としての〈詩《ポエジー》〉の〈理念〉をめぐる賭金の全体が告げられているのでなければ、いかなる類いの議論も成り立たないだろう。まさしくここに、哲学的な、つまり政治的な、測り知れないほどの賭金があるのだと、指摘してみることにしたい。

この第一の問い――それはまさしく問いなのであって反論ではない――は、第二の問いへと通じている。アラン・バディウは、『宣言』のなかでこう記している。

あらゆる縫合は誇張である。というのも、ハイデガーに倣って私が再び述べたように、哲学は問題を深刻化させるからである。哲学は、その諸条件のひとつへと縫合されることで、それぞれの条件の実行の内部からは見てとることのできない数々の特質を、その条件に対して付与する。ハイデガーは、思考と危険《リスク》の単一の形象として、また窮乏と救済の命運にかかわる審級として詩を切り離し、さらにルネ・シャールにしたがって、「詩人たちと思索者たちの権能」を考察するところにまで行き着くことで、詩の法廷を超え出たのである。詩の法廷とは、「ポーズをとる」という場合を除けば――それは、あろうことか、シャールの場合に顕著である――このような単一性にもとづいて立法するような法廷ではなく、まったく異なる方法で、とりわけ数学素を、しかし政治と愛をも取り扱うところの法廷である。現実の政治がそれ自体について言表しえたものよりもはるか彼方において、マルクス主義による縫合の内部から政治を哲学的に絶対化した者たちと比して――私はその一員だったのだが――、ハイデガーは、詩という点に関して、上手く立ち回ったというわけではなかった。[10]

私がここで疑問に思うのは、このような哲学的様態における詩の絶対化が――ここで「ポーズ」（シャール的なポーズだけではなく、リルケ的、ゲオルゲ的、その他数多くのポーズがある）を考慮に入れないとしても――、まさしく詩のうちにしかその理由をもたない、という点についてである。したがって私が指摘したいのは、少なくとも科学に対する哲学固有の乏しさという方向のことでは決してない（バディウが示唆するような、政治に対する哲学の貧困は別である）。むしろ、このような絶対化が生じえたのは、そしてそれは否定しがたく生じたのだが、それは、思うに、詩そのもの――それが他から切り離されるがままになるような何かであるとすれば――への哲学の関係にもとづいて生じ

（9）［訳注］ツェランの『子午線』（*Der Meridian. Rede anläßlich der Verleihung des Georg-Büchner-Preises*, S. Fischer, 1961）は、もともと一九六〇年のビューヒナー賞受賞に寄せられた文章である。そのなかでツェランは、ビューヒナーのいくつかの作品に言及しながら、とりわけ『レンツ』の冒頭の日付である一月二十日にちなんで、「もしかすると、どの詩にもその詩特有の〝一月二十日〟が、消しがたく書き込まれていると言っていいのか」との問いを発している。

（10）［訳注］*Manifeste pour la philosophie*, p. 57.

たのではなく、詩の推定上の由来、あるいは詩の生まれながらの要素、その起源と本質への哲学の関係にもとづいて生じたのであるだろう。つまり、少なくとも私が従おうとしている仮説によれば、このような絶対化は、神話、しかもこの語が含意する宗教と聖なるもの、そして神聖化にかかわる――だがそれだけでなく、きわめて幅広い意味での「政治」に関わる――あらゆる共示《コノテーション》をともなった意味での、神話との関係にもとづいて生じたのである。

結局、私には最後の問いが残されていることになる。アラン・バディウは、ハイデガーの思考の功績を認め、今日に到るまで「唯一、彼の思考のみが、詩において賭けられていたもの、すなわち客体へのフェティシズムの廃棄［このことがバディウにとって含意するのは、「主体のテーマ」の正統な「脱構築」である（引用者注記）］、真理と知の対立、そして最終的には我々の時代の本質的方向喪失を把握しえた[11]」とするのだが、それゆえにバディウは、〈詩〉への縫合という名目のもとで結ばれた、詩と政治のあいだの絆を問題としつつ、次の二点に注意を促すのである。

一、ハイデガーの「天才の一撃」――バディウの表現――は、とりわけ、「哲学を詩へと委ねることができるところにまで到達した」点にある。「このような［詩への］縫合は、ある種の力ずくの保証のように見える。なぜなら、たしかに詩人たちの時代というものがあったからだ。詩人たちが存在したという事実は、それなしにはアポリアと絶望にみちていたハイデガーの思考に、歴史性と現実性の地盤を与えた。その地盤は――政治的歴史性の幻影がナチスによる恐怖のうちで具現化し、そして解体したときからすでに――、彼の思考に、その唯一の現実的出現たるべきものを与えることができた」[12]。

二、ツェランとハイデガーの出会いについて言えば、「何のための詩人たちか？」というハイデガーの問いは、詩人にとって、「何のための哲学者たちか？」となりうる。そして、もしこの後者の問いに対する答えが「詩人たちがいるために」であるならば、詩人の孤独は二重化することになるのだが、その孤独を止揚することを詩的に要求した点で、ツェランの作品は出来事なのである。バディウはこう付け加える。「ハイデガーは、政治的諸条件の次元において、国民社会主義への自身の政治参加を解き明かすことができるとは考えなかったのだが、その彼が、いかにして、詩という鏡面を打ち破る――ツェランの詩は独自の仕方でそれを行っている――ことができたのか。〔彼の〕沈黙は、また、それがユダヤ人の詩人をきわめて重大な仕方で傷つけたということを除いても、哲学の取り返しのつかない失態であった。なぜなら沈黙は、縫合作用のもつ還元と無化の効果を、その極限にまで、そして許容しえないところにまでもたらしたからである。ツェランは、そこで、詩に対する哲学のフェティシズムがその行き着く果てにおいて与えるところのものを、経験することができたのである」[13]。

以上の二つの注記において、結局のところバディウは、多くの点でハイデガーに大きな価値を認め

（11）〔訳注〕*Ibid.*, p. 55.
（12）〔訳注〕*Ibid.*, p. 54.
（13）〔訳注〕*Ibid.*, p. 68-69.

ているように私には思われる。ハイデガーは、諸々の政治的条件の次元において、彼自身の政治参加を解き明かすことができないとは考えなかったのだが、そうするべきだ、あるいはそうする義務があると単純に考えたわけでもなかった。それゆえ、バディウは、先の二つの注記において、単に哲学の詩への縫合作用を糾弾するという以上のことをしていることになる。こんなふうにしか言えないのだが、敢えて言えば、哲学の〈詩〉への縫合が政治的なものへと縫合されることを、彼は糾弾しているのである。しかしながら、まさにこれこそが、私が考えたいと思っているところのもの、あるいは少なくとも、私が問いを差し向けようとしているところのものなのである。ともかく、彼は詩的縫合作用の政治的効果——あるいはその意味——を糾弾しているのである。

したがって、以上が、私がここで再度賭けに投じてみたいと思っている、詩と哲学と政治との関係である。私は、縫合〔suture〕あるいは縫合作用〔suturation〕という概念を疑問視するつもりはない。それらは効果的に作用していると思われる。そうではなく、私には、バディウが分析しているところの〈詩〉への縫合作用が、(例えばプラトン的な)縫合解除の場合と同じく、正確には、詩に当てはまらず、とりわけ、その固有に近代的な詩の要請には当てはまらないように思われるのである。お望みとあれば、ここにはある種の誤解があると言ってもよい。その誤解は、たしかに詩をめぐるものであるのだが、それと同時に政治をめぐるものでもある——あるいは少なくとも、ある特定の政治タイプ、さらに言えば政治スタイルをめぐるものであり、この政治スタイルは、バディウがそこから一線を画そうとしているような哲学と無縁なものではない。

すでに暗示しておいたが、この誤解は、一言で言い表すことができる。すなわち、それは、神話をめぐる誤解なのである。縫合作用は、実のところ、おそらく〈詩［Poème］〉ではなく、〈神話素［Mythème］〉とのあいだで生じている、あるいは生じたのである。まさにそこから、じつは非常に限定されたある種の政治が開始したのである。これこそが、少なくとも私の示したいと思っていることである。しかし、ただちに見てとれることだが、ここで推し進めなければならない分析は、きわめて広汎なものとなるだろう。それゆえに、私はいくつかの命題を述べるにとどめたい。それらがあまりに味気なくこわばったものにならないことを望むが、それでも、それらは——やむをえないことではあるが——いくらか省略的なままとどまるだろう。あるいは実用《プラグマティック》的と言うべきか。

第一の命題は次のとおりである。詩と哲学と政治とを本質的な様態において互いに関係づけてきた運命は、我々の歴史あるいは伝統において、その関係の糸を結びあわせることが二度あった。そしてそのつど問題になっていたのは、哲学の可能性そのものであった。最初は、まさしく本来の意味での哲学が創始されたときである。そして二度目は、哲学の——あらゆる意味における——完成［achèvement］のプロセスが、多分不可逆的に作動し始めたときである。

このような長大な歴史とその測り知れないほど複雑な事情を、結果的に二つの契機に限定するのは——そこにおいて、詩と哲学と政治が本質的な様態において関係づけられたように思われる——、これら二つの契機のうちに次のことを認めうると考えられるからである。すなわち、詩が、それ自体、政治的事象とのあいだですでに確立された関係をもちながら、哲学のもとに問いとして不意に到来するとすれば――これだけですでに一大事である――、おそらくきわめて初歩的《プリミティヴ》なこの問いは、哲学にとって、端的にそのチャンスをめぐる問いなのである。それは生死をめぐる問い、あるいはその延命［survie］をめぐる問いであり、しかもここでの生（あるいは死後の生［survie］）は、今度は、政治的なもののうちで〔哲学が〕覇権的地位を確保する行為へと結び合わされる。

　このようなテーゼ――いくらか大雑把であることを認めるが――を表明できるのは、当然のことながら、プラトンのテクストが存在するからである。だがそれは、同時に、プラトンが後世に伝えた「場面」が、ヘーゲル的な言説において、ある意味で、反復されているからでもある。その反復のうちに見出されるのは、私の話題にしている運命の糸が、たとえまったく異なる仕方ではあっても、再び結び合わされているということなのである。

　プラトンをめぐって、いくつかの指摘を引き出すにとどめたい。いずれにせよ、それらの指摘が必要だと思われるからである。そして、それによって、第二の命題へと連接することができるようになるだろう。

　少なくとも次のことは、誰もが記憶にとどめていることである。ニーチェがなおも想起している伝説によれば、プラトンは――マラルメがランボーについて述べたように――、生きながらにして自らの詩を摘出手術した［s'opérer vivant de la poésie］と言われている。[14] すなわち彼は、ソクラテスに勧められ、自らの悲劇詩を焼き捨てたのである。この場面《シーン》は、多くの点で、哲学の「原光景《シーン》」になっている。『国家』第三巻において、儀式めいた仕方で追放される悲劇詩人‐俳優は、つまるところきわめて「見世物的に」、魔術師＝犠牲者《ファルマコス》として扱われる。自己毀損の操作、浄化の焔、供犠の挙措、これらいずれの場合においても、哲学は自らを組織化し、（「操作［opération］」という語の意味論的背景をいくらかの裏づけとすることに甘んじるならば）自らを作品のうちに置き［se mettre en œuvre］、詩の遺灰から生まれ出る。あるいは哲学は、自らのもっとも本質的な企図を脅かしていた――哲学の言うことを信じるならば――政治‐宗教的祭礼そのものを拒絶するのだが、哲学は、ある種の政治‐宗教的祭礼によって、その拒絶を認可する。つまり、『法律』の最終巻においても明らかにされているように（その最終巻では、もっとも美しい悲劇詩がここにあると言われている。それはつまり構成＝政体［constitution］であり、それを作り上げたのは、我々である）[15]、哲学の本質的な企図とは、それ自体政治的な企図、すなわ

（14）［訳注］「生きながらにして、みずからの詩を切除してしまう者［celui, qui [...] s'opère, vivant, de la poésie］」は、マラルメの「アルチュール・ランボー」（『ディヴァガシオン』「小さな円形肖像と全身像いくつか」所収）のなかの言葉。*Igitur, Divagations, Un coup de dés*, préface d'Yves Bonnefoy, éd. Bertrand Marchal, Paris, Gallimard, « Poésie », 1976, p. 129 ;『マラルメ全集』、第二巻、筑摩書房、一九八九年、九一ページを参照のこと。

（15）［訳注］プラトン、『法律』、第七巻、八一七、B―Cの言葉。「おお、異国の人びとのなかで最も優れた方々よ、私たちは自分たち自身が悲劇の作者であり、しかもできるかぎり最も美しく、最も優れた悲劇の作者なのです。実際、私たちの全国家体制は、最も美しく最も優れた人生の似姿［mimêsis］として構成されたものであり、そしてこれこそまことに、最も真実に悲劇であると、私たちは主張します。ですから、あなた方が作者であるように、私たちもまた同じ種類のものの作者であり、しかも、最も美しい種類のドラマの制作者か

ち哲学による王制《バシレイア》の企図なのである。それが意味するのは、一九三六年にハイデガーが想起しているように、哲学教授たちが国家の指揮官の地位に据えられねばならないということではなく、哲学が、真理における国家の創設を見守ることを使命［vocation］として引き受ける、ということである。[16]

　したがって、このことは、我々の哲学的記憶――しかも、単に哲学的なだけではない記憶――のうちに書き込まれている。我々はそれを承知している。また我々も知っているように、（本来的な意味での）哲学は、詩からのこのような切断において、語のもっとも強い意味で自己を決断する［*se décider*］。しかも詩とは、そもそも――どれほど強調しても足りないのだが――演劇（戯曲詩）からの切断であり、原初においてはミメーシスであった悪魔的な言表様態からの切断なのである（ついでながら注記しておけば、抒情詩に対して、とりわけピンダロスの抒情詩に対して、プラトンは、悲劇に対するほどの厳しさをもっては、決して接しなかった。確かに彼は芸術を好まず、そしてそれを拒絶する。だが、だからといって、プラトンが必ずしも、我々が――現にこのように――理解している意味での詩情《ポエジー》、すなわち「文学」ではないような詩情《ポエジー》を嫌っていたということにはならない）。そして我々は、当然のことながら、そこに賭けられたもののすべてを知っている。そこに賭けられているのは、不可分に教育的かつ宗教的、そして政治的な事柄である。それらは旧来の（アルカイックな）貴族的教養《パイデイア》（英雄的範例による教育）、すなわち偽りで廃れたものと見なされた宗教、創設的原理も真正な企図ももたない国家に関わっている。したがって、哲学という名のもとで誕生したものは、このような旧来の悪癖を正すことを課題［tâche］とするのである。それは正統な教育＝矯正［orthopédique］という課題であり、その必然性をめぐって、哲学は、以後、それほど頻繁には譲歩することがなくなる。そこには、実際、例えばソフィストたちに対するような、他の哲学的決断の挙措から素描された他の諸々のプログラムとは異なる、ひとつのプログラムの全体がある。しかもそのプログラムは、成功したのである。少なくとも、純然たる排除は厳密にユートピア的なものであったが、芸術が（そこには詩も含まれるが、おそらくすべての詩というわけではないだろう）それによって決定的に従属的なものにとどまったという点において、プログラムは成功したのである。西洋において、芸術（必ずしも〈詩〉には限られない）は、つねに監視下におかれることになる。それがまずもって、詩学の監視下におかれるということは確実である（とはいえ正確なところ、なぜ、この問いをめぐるアリストテレスの教えのなかで、悲劇を扱った論述のみが残されることになったのだろうか）。だがとりわけ芸術は、最終的には、美学と呼ばれることになるものの監視下におかれることになる――ハイデガーは、それが権利上、プラトン-アリストテレスによる芸術の把握によってすでに基礎づけられていたと述べた点で、

つ役者として、私たちはあなた方の競争相手なのです」（森進一他訳）。

（16）［訳注］『ニーチェ I』、第一部「芸術としての力への意志」、*Ga. Bd. 6-1, S.* 168-169；一六四ページ。「〝哲学者が支配者であることが本質上必要である〟« dei tous philosophous basileuein (archein) »（『国家』、第五巻、四七三を参照）。この命題が意味するのは、哲学教授が国事を司るべきだということではない。そうではなく、それが意味するのは、共同体を支え規定する根本的態度のあり方が本質的な知に根拠をおいていなければならないということなのである……」。

正しかったように思われる。[17]

しかしプラトンは、この操作に際して、もっと古くからの争異、すなわち彼の言うところの *palaia diaphora*［昔からの対立］を拠り所とする。[18] 思うに、これは単に責任のがれのためのものではないだろう。例えばヘラクレイトスは、つまるところ、ホメロスに対してほとんど容赦というものがなかった。[19] このような争異は、一体いかなる射程を持っていたのだろうか。あらゆる仮説がどれも正しいというわけではない。

ほぼ確実に言えるのは、プラトンにおいて特有の仕方で繰り返し立ち戻ってくるのが、演劇への嫌悪だということである。悲劇の制度がアテナイにおいていかなるものであったかを少しでも考えるとき、その嫌悪は、直接に政治的なものとなる。ニーチェはそれを正確に見てとっていた。しかし、それゆえに、プラトンにおいて繰り返し立ち返ってくるものが *lexis*［語、言表］（言表作用の諸様態）の分析であるとしても、*legein*［言うこと］の二つの体制、すなわち真なるものと偽なるもののあいだの、あるいは言葉の二つの領域、すなわちミュトスとロゴスのあいだの差別は、まさしく受け継がれた遺産であり、そこからプラトンは糧を得ているように思われるのである。そうすることでプラトンは、神話創出《ミュトポイエーシス》と呼ぶところのものに対する容赦のない批判を基礎づけ、彼が哲学の名のもとに要求するところのものの覇権的地位を確保する。プラトンが——演劇と、あらゆる形の模倣的な、あるいは擬似模倣的な言表作用の手前において——排除しているのは、実のところ、神話なのである。

このような批判は、それでもやはり政治的でなくはない。それどころか、ギリシア人たちの宗教（当然のことながら、この用語は強調しておきたい）を直接に非難しているという理由だけからしても、そのような批判は政治的である。しかも、その批判が伴う暴力たるや……。しかし、まさにこの点に

（17）［訳注］『ニーチェI』、第一部「芸術としての力への意志」の「美学史の六つの基礎事実」の節を参照。「ギリシア人たちのもとで美学がやっと始まるのは、偉大な芸術が、そしてまたそれと並行する偉大な哲学がその終焉に到ったその瞬間においてである。この時代、すなわちプラトンやアリストテレスの時代に哲学の形成に関連して、芸術へのすべての問いに対する視圏を将来境界づけることになる根本概念が、刻印される。それはひとつにヒュレー／モルフェー、マテリア／フォルマ、質料／形相という対概念である」（*Ga. Bd. 6-1*, S. 78；八一―八二ページ）。また講演「芸術作品の根源」の最初の版（一九三五年版）において、ハイデガーは次のようにも述べている。「ギリシア人から我々の時代に到るまで、芸術と芸術作品についてのあらゆる省察、あらゆる芸術理論、あらゆる美学は注目すべき宿命に従っている。芸術についての省察は、ギリシア人（プラトンとアリストテレス）のもとで、作品が加工物、つまり用具として性格づけられることとともに開始された」。*De l'origine de l'œuvre d'art*, tr. fr. E. Martineau, Authentica, 1987, p. 53.

（18）［訳注］プラトン『国家』、六〇七、B―Cを参照。「ただここで、われわれが頑固で粗野だと非難されないためにも、哲学と詩（創作）とのあいだには昔から仲違いがあったという事実を、詩（創作）に向かって言い添えておくことにしよう。というのは、〝主に吠え立てて叫ぶ犬めが〟とか、〝愚か者らの下らぬおしゃべりのなかで威張っている〟とか、〝あまりにも賢い連中の群れを支配する者〟とか、〝自分が貧しいということを思いめぐらすのが落ちの、繊細な思想家たち〟とか、その他数えきれない多くの言葉が、哲学と詩のあいだに昔から対立があったことを示しているからだ」（藤沢令夫訳）。

（19）［訳注］ヘラクレイトスの断片五六（ディールス・クランツ版）では、次のように言われている。「人間は現われているものを認識するのにホメロスと同じような仕方でだまされていると彼［ヘラクレイトス］はいう。そのホメロスはギリシア人の誰よりも賢明であったのだ。なぜなら、子供たちは虱をつぶしながら次のようにいって、かの人［ホメロス］をだましたからである。〝見つけて捕えたのは置いて行くが、見つからずに捕えなかったのは持って行く〟と」（日下部吉信訳）。

おいて——そしてこれが私の第二の命題になる——、そのような批判は、詩をそのもっとも高次の使命において、神話創出《ミュトポイエーシス》という名目をもって、宗教へと決定的に結びつけているのである。少なくとも、実際にプラトンは、つねにそのようにして読まれてきたことになるのではないだろうか。だからこそ、一連の伝統の末端において——あるいはほぼ末端において——、ヘーゲルは、正当にもギリシア的契機を問題としつつ「芸術宗教」について語ったのであり[20]、またロマン主義者たち（シュレーゲル、ノヴァーリス）は、詩にもとづいて（*Dichtung*〔詩作、文学〕にもとづいて）「新たな宗教[21]」を創設しようとしたのである。二千年にわたる韻文化の歳月を、ランボーなら激しく罵るだろうが、その歳月を経て、詩は再び、政治的であるという以上の——原政治的な、と言っておきたい——この使命に応答しようとするだろう。しかし、詩にとってはまさしく不幸だったことになるのだが、この使命が、最終的には、哲学によって詩に指し示された《ディクテ》ものであるとしたらどうだろう。私の念頭にあるのはヘルダーリン、あるいは、またもやランボーである。

しかしそのあいだに、哲学それ自体のうちでも、なんらかの出来事が生じていることになるはずである。ここから、第三の命題が導かれる。

私がここで出来事と言っているのは、カント的批判という出来事、あるいはフィヒテの『知識学』におけるカント的批判の体系的「反復」という出来事である。シュレーゲル兄弟は、〈政治的なものの次元における）フランス革命と（詩的なものの次元における）ゲーテの『ヴィルヘルム・マイスター』とを並べつつ、カント的批判を、哲学的なものの次元においてひとつの新たな時代、エポックの転換を告げる出来事と評していたが、それはでたらめな取り合わせではなかった。カント的批判にこのような運命を割り当てることができるのは、それが批判だから（そして、形而上学が初めて自らを問いに付したから）というより、むしろ、批判が、そのようなもの、つまり批判的なものであるために、形而上学の全体を最初から想起しなおさなければならないからである。この点で、〔カント的〕批判は、哲学による初の哲学的想起《アナムネーシス》だったのであり、事後的に、プラトン的決断を明晰さの形象において反響させる、初の試みだったのである。

こうして、ここで再び、哲学と詩と政治とを互いに関係づける運命の糸が結び合わされる。しかも即座に（いずれにせよ、第三批判の刊行直後に）、そしてきわめて驚くべき仕方で。というのも、ロマン主義において――十八世紀の最後の十年にイエナで生じたことのすべてを、性急にもそう呼ぶことにしたい――、*Dichtung*〔詩作、文学〕の固有の意味で近代的な使命＝宛先《ディスティナシオン》が創出されたからである（そ

(20)〔訳注〕「芸術宗教」は『精神現象学』第七章「宗教」でヘーゲルが扱っている概念。自然宗教と啓示宗教（キリスト教）の中間に位置する。

(21)〔訳注〕「新たな宗教」は、フリードリヒ・シュレーゲルが『アテーネウム』誌に発表した諸断片、とりわけ「イデーン断片」（第三号第一部、一八〇〇年）のなかで示した構想。『ロマン派文学論』、山本定祐訳、冨山房、一九七八年、八四－九九ページ。

こではまた、文学についての我々の概念も創出された。詩が文学のなかに含まれるようになったのは、それ以後のことである)。

当然、無限に濃淡を加え、事態の複雑さに応じた分析を行なわなければならないだろう。とはいえ、図式的ではあっても、単純に、ひとつの眺望を提示することは、おそらく不可能ではないだろう。そのような眺望を提示するためには、カント的批判が解き放った空間における三つの可能性に、三つの名を、つまりテューービンゲンの神学校《シュティフト》の三人の学友の名を、記章《エンブレム》として与えることができるように思われる。それらの可能性は、我々の出自をなしているところの領野を、境界確定しているのである。そしてそれらの可能性は、おそらく依然として、今日我々が歩測しているところの——あるいは我々が、一見したところ境界も方向も知らずに歩き回っているところの——領野を、境界画定しているのである。

ヘーゲルという名のもとに(私の念頭にあるのは、当時強大な勢力を誇っていた公定普及版《ウルガタ》ヘーゲルであり[22]、そこにはマルクスも含まれている)純然たる反動として与えられたもの、したがってプラトン的決断の更新、あるいは再肯定として与えられたものについては、最小限の評価にとどめさせていただきたい。芸術は「過去のもの」[23]であり、〈詩《ポエジー》〉は芸術の「解消」の契機である[24]。また、「概念の悲しき支配」のもとでは、芸術も、啓示宗教でさえ、以後、絶対的なものに対する我々の関心と欲求を充たしえないものとなる。「実存の重大さ」は、ことごとく公共生活の事象に(行政にではないにせよ、政治に)取り込まれ、そしてそれを理性のうちで根拠づける〈知〉の完成のうちで過去のものとなる。

この公定普及版は、修正を要するだろう。ヘーゲルの確信は、決してそのようなものではないからである。しかも、芸術の終焉に対する――生の、もしくはある種の生の消滅に対する――ヘーゲルの嘆きは、見せかけのものではなかった。たしかに、ハイデガーが正当にも推察していたように、ヘーゲル的な芸術の把握は、存在者を形相《エイドス》とみなすプラトン主義的な把握に依存している。ヘーゲルはプ

(22) 〔訳注〕「公定普及版」と訳したウルガタ〔vulgata〕とは、四―五世紀にかけてヒエロニムスによりラテン語に翻訳された公定版新約・旧約聖書のことである（それがカトリックの公認聖書として認定されたのは十六世紀である）。そもそも vulgata というラテン語は、動詞 vulgo〔広く知らせる、普及させる〕の過去分詞形で、原義としては「広く知られたもの、公開・普及されたもの」との意味である。つまり、もともとヘブライ語あるいはギリシア語で書かれていた聖書が、一度ラテン語に翻訳されることで、「普及版」となると同時に、「公定版」として形成されるのである。ラクー＝ラバルトが「公定普及版ヘーゲル」と呼んでいるのも、一端普及することで正典として生成した左派、右派にまたがる、ヘーゲル哲学の総体のことであると思われる。

(23) 〔訳注〕例えば、Hegel, *Vorlesungen über die Ästhetik. Band 1*, Theorie Werksausgabe, Band 13, Suhrkamp, Frankfurt a. M., 1970, S. 25；『美学講義』、長谷川宏訳、作品社、一九九五年、上巻、一四ページなどを参照。

(24) 〔訳注〕ヘーゲル、『美学講義』、第三部、第三篇、第三章「詩」の導入部の説明などを参照。「こうした考察の歩みのうちではじめて、〈詩《ポエジー》〉の芸術としての特別の位置があきらかになる。すなわち詩においては、芸術そのものが解消しはじめ、哲学的な観点からすると、宗教的イメージそのものへの移行と、学問的思考を綴る散文への移行が見えてくるのである。美の世界と境を接する領域としては、すでに見たように、一方で日々のくらしと日常意識という散文的世界――芸術はそこを抜け出して真理へと向かうのである――があり、他方で、感覚を絶したところで絶対的なものを捉える、宗教と学問の高次の世界がある」。Hegel, *Ästhetik. Band 3*, S. 234-235；『美学講義』、下巻、一八八ページ。

ラトンを断固として完成させ、〈理念《イデー》〉の支配を認可したのである。にもかかわらず、ヘーゲルの振舞い《ハビトゥス》は、決してプラトンの振舞い《ハビトゥス》と同じではない。実際に、ヘーゲルはシラーに言及しつつ、彼が「自らの時代に負債を支払わ」ねばならなかった、そして、哲学による芸術の（美学的）止揚の犠牲になっていた、と述べている。(25) シラーはソフォクレスではなく、シェイクスピアでさえない。しかし、シラーの二行の詩句が、わずかに手を加えられた形で、『精神現象学』の最終節（「絶対知」）に終止符を打っているのであって、(26) もしかすると、これは単に装飾的配慮にのみもとづく引用ではないのかもしれない。〈詩〉へのこの最終的な依拠は——ありえないことではない——、もしかすると奥深く込み入ったものなのかもしれないのである。

しかし、ここではむしろ、シェリングとヘルダーリンのもとに、少しばかり立ち止まってみたい。シェリングに注目するのは、彼がロマン主義の企図を、手際よく、しかもその体系的側面に到るまで要約しているからである（この側面をバディウは軽視しているように思われる）。また、ヘルダーリンに注目するのは、彼が別の道を指し示しているからである。この道は、もしかするとヘルダーリン自身も辿ることができず、また、もしかすると彼以降の誰も辿ることのできなかった（とはいえ確証はないのだが）道であり、それは、見ようと思えば見てとれるのだが、哲学と詩と政治との関係をまったく別の仕方で再構築することへと向けられた道だったのである。このことを、今度はハイデガーが、ひどく軽視することになった。

シェリングが作成した企図は、のちに、一八〇〇年の『超越論的観念論の体系』を締め括る文章のなかに集約されることになる。

ところでしかし、哲学者がただ主観的にしか表現できないものを普遍的な妥当性をもって客観化しうるのが芸術のみであるとするならば、［……］次のことが見込まれねばならない。すなわち学問の幼年期において〈詩《ポエジー》〉から生み出され、育まれてきた哲学と、哲学によって完成へと向けて導かれるすべての学問もまた、その完成ののち、同じだけ多くの孤立した流れのよう

(25)［訳注］ヘーゲル、『美学』、序論、第三章、第二節、B「シラー、ヴィンケルマン、シェリング」を参照。「カント的な主観性と抽象性を解体し、それを乗り越えて統一と宥和を思考の真理として捉え、それを芸術的に実現しようと試みた点に、シラーの偉大な業績を認めないわけにはいかない。シラーは、本来の哲学とは無関係に、芸術と芸術的関心をめぐる美的考察を確立しただけでなく、芸術美をめぐる問題意識を哲学の原理と係わり合わせ、哲学の原理を出発点とし、またたえず参照しつつ、美の深い本性と概念を追求したからである。彼の一時期の著作からは、彼が——素朴な芸術美を顕彰するという次元を超えて——思考に携わっているのが感じられる。あえて抽象的な反省に踏み込み、哲学的概念にすら関心を抱くといった姿勢が、彼の詩の多くにはっきり認められる。そのために、シラーは非難を受け、とくに概念にわずらわされることなく一貫して素朴さと客観性を守りとおしたゲーテと対比して、その思考癖が良くないとされて、ゲーテの下に置かれる。だが、その点について言えば、シラーは詩人として、自らの時代に負債を支払った［die Schuld seiner Zeit bezahlen］だけのことで、そのような負債に巻き込まれていたということは、この高貴な魂と深遠な心情の持ち主にとっては名誉なことだったし、学問と認識にとっても長所となったのである」。Hegel, *Ästhetik. Band 1*, S. 89-90；『美学講義』、上巻、六六—六七ページ。

(26)［訳注］ヘーゲル『精神現象学』最終章「精神」最終節「絶対知」の末尾に引用されたシラーの詩「友情」の詩句を指す。

に、それらがそこから発した〈詩《ポエジー》〉という普遍的な大海へと再び流れ込むのである。学問から〈詩《ポエジー》〉への回帰における媒介項について言えば、一般的に見てそれを問うのは困難なことではない。というのも、その媒介項は、今日の我々には解決しがたいものと映る分離が生じる以前には、神話のうちに存在していたからである。しかし、個々の詩人の発明ではなく、一人の詩人の言うなれば代役を果たす新しい世代の発明であるような新しい神話が、どうしたら生じうるというのか。まさにこれが問題である。その解決は、世界の未来の運命と、以後の歴史の過程とによってのみ待たれるべきものなのである。[27]

この文章は、長大な注釈を必要とするだろう。とりわけ、体系の完了のために、つまり体系の（歴史的かつ政治的な）現実化［effectuation réelle］のために必要な客観＝客体化について、注記しければならない。ここでの客観＝客体化とは、主観＝主体的なものと、カント以降の観念論において知的直観あるいは根源的直観[28]と呼ばれているところのもの、すなわち形而-上《メタ・フィジック》学的な直観の、客観＝客体化のことである。このことは、シェリングにとって、意識と無意識のあいだの関係、あるいは、実際は同じことなのだが、自由と必然のあいだの関係という困難な問題系のすべてを巻き込むものであった。しかし私が一点だけ強調しておきたいのは、次のことである。すなわち、このプログラムは、そもそも、「ドイツ観念論の体系プログラム」を最初に素描した謎の多いテクスト（それは誰のテクストかも定かではない。シェリング？　ヘルダーリン？　あるいはヘーゲル？）を、その語句に到るまで踏襲しているのだが、それはある政治的な射程、のちになって災厄に満ちたものであることが判明する政治的な射程をはらんでいるのである。『超越論的観念論の体系』は、神話［mythologie］（「新しい神話」、あるいは、一七九六年の「体系プログラム」では「理性の神話」と述べられていた）という媒介項を課された哲学から詩への回帰に言及しつつ、「世代」という控え目な用語のもとで、集団的創造を喚起している。一七九六年には——それは同じ企図であったのだが——、民族が問題とされ、新しい宗教が要求されていた。一世紀にわたる一般普及（とりわけ大学を通じての）を経て、このような要求（ひとつの民族）と意志（ひとつの宗教）とがもたらすことになった災厄にみちた諸々の帰結を、強調する必要があるだろうか。

いずれにせよ、プラトン主義の数々の反転（それはニーチェの占有物などではまったくない）のうちに、あるいは、ルネサンス以来のヨーロッパを支配していた（その支配はフランス革命と、さらに

（27）［訳注］Schelling, *Sämtliche WerkeWerke* (*Nach der Originalausgabe in neuer Anordnung*). *Band 2*, hrsg. von Manfred Schröter, München, 1927, S. 629.

（28）［訳注］「知的直観［intellektuale Anschauung］」および「根源的直観［intuitus originarius］」は、もともとカントの用語で、対象を感性によって受容的に認識する「感性的直観」あるいは「派生的直観」に対立するものとされた。カント以降のドイツ観念論は、このような自発的・叡智的直観を、「絶対者」を把握するための最高原理とし、特にシェリングは、「同一性哲学」の立場から、主観＝主体と客観＝客体の同一性を内的に把握する営みとして知的直観を規定する。『超越論的観念論の体系』では、こうした知的直観が客体＝客観化される契機として「美的直観」が考察されている。

は帝政期にまで及ぶことになる）新古典主義的な〈古代〉よりも古《アルカイック》く、根源的で、奥深く、本質的なギリシアへの想起《アナムネーシス》（*Andenken*〔追想〕）と憧憬《ノスタルジー》のうちに、また、ドイツ民族のみが——まずもってその言語ゆえに——この始源の忘却された偉大さを再び見出すべく定められているという理念のうちに、災厄にみちた政治が萌芽しているのだ。災厄は——恐ろしいことに自明なのだが——、「新しい神話」の企図のうちに書き込まれている。『ツァラトゥストラ』執筆期のニーチェが言っていたように[29]、それは「未来の神話」の企図である。あるいは、ローゼンベルクは「二十世紀の神話」を語ることになる[30]。

　ローゼンベルクとニーチェは明らかに異なる。偉大な思想家の思考は、つねに救出することができるし、そうすべきでもある（私はまさに「思考」と言っているのであって、それは行動とも、政治的選択とも、あるいは単純に、選り好みとも混同されるものではない。またそれは、思想家本人に責任があるような——その思想家固有の思考の——悪しき読解をはじめとする、数々の読解から生じる帰結とも混同されるものではない）。バタイユは、三〇年代に、ニーチェとローゼンベルクとを対立させることに力の限りを尽くしたが、たとえアセファルというグループと雑誌の企図について、言及すべきことが多く残されているとしても、その試みは正しかったことになるだろう[31]。にもかかわらず、思考は責任を負わねばならない。そして、それ以上の責任を負わせねばならないとは言わないまでも、その責任は否認しようのないものなのである。

　だからこそ、ヘルダーリンを除外しなければならない——ここでの「〔ねばならない〕という」命法は、緊急性を言い表している。それは、ヘルダーリンが詩人として、詩に即して、思考と詩と歴史のあいだの関係をめぐる問いを引き受けているからというばかりではない——当然のことながら、それはヘルダーリンにとって詩の可能性についての問いそのものである（じつは、きわめて似かよった仕方で、それはランボーとマラルメにとっての問いでもあるだろう）。そればかりではなく、ヘルダーリンを除外しなければならないのは、彼が（ギリシア的）熱狂と（西洋的）冷醒さ[32]とのあいだの差異について

（29）［訳注］一八八三年に執筆された断片のなかの言葉。「創造しうるためには、我々は、これまで我々に与えられていた以上の大きな自由を、自らに付与せねばならない。そのためには、道徳からの解放と、祝祭を通して自らを軽やかにすること（未来の予感！　未来を祝うこと。過去を、ではなく！　未来の神話を創作すること！　希望に生きること！）至福の瞬間！　それから再び幕を下ろして、思念を確固とした次の目標に向けること！」『ニーチェ全集』第Ⅱ期第六巻、杉田弘子・薗田宗人訳、白水社、一九八四年、四〇〇ページ。

（30）［訳注］Alfred Rosenberg, *Der Mythos des 20. Jahrhunderts*, München, 1930；『二十世紀の神話』吹田順助・上村清延訳、中央公論社、一九三八年。

（31）［訳注］『アセファル』誌の第二号（一九三七年一月）は「ニーチェへの償い［Réparation à Nietzsche］」、第三—四号（一九三七年七月）は「ディオニュソス」を特集している。特に、第二号では、「ニーチェとファシストたち」とのタイトルのもと、エリザベート・フェルスター゠ニーチェ、ムッソリーニ、ローゼンベルクらによるニーチェの簒奪についての報告が行なわれ、同時に、これに対抗する『アセファル』誌の方向性が打ち出されている。Cf. *Acéphale. Religion, Sociologie, Philosophie. 1936-1939*, Paris, Jean-Michel Place, 1980；『無頭人《アセファル》』、兼子正勝他訳、現代思潮社、一九九九年。

（32）［訳注］原語は「節制」、「簡素」、「飾り気のなさ」を意味する sobriété である。この語は、ヘルダーリンが詩論および翻訳論（例えば一八〇一年十二月四日付けの、ベーレンドルフ宛て書簡など）において、古代と相対する近代人の運命を言い表すために用いた Nüchternheit［冷徹、静謐、透徹、しらふ、醒めていること、などの意］の仏訳語である。（熱狂の対極にある）「冷静」と（陶酔の対極にある）「覚醒」の二要素をあわせて、

極端なまで厳密に省察したからである。あるいは、彼が神的なものの「定言的転換」[33]の結果として生じる有限性の法を——悲劇的に——受け入れ、また、「国民本然のもの［le nationel］」[34]の我有化ないしは同一化の困難さ——不可能性とは言わないまでも——を、一貫して要請したからである（そもそも認めておかねばならないのだが、この困難さを強調したのはハイデガーであった）。このような理由により、カントへの忠実さという形をとりながら、要するに、あらゆる*Schwärmerei*［狂信］が禁じられ、また、もっぱら感情発露に根拠をおいたあらゆる詩的企図と、共同体の内在的な形成陶冶［façonnement］の企図へと向かうあらゆる神話論化が、何はともあれ、禁じられるのである。

「何はともあれ」と言ったのは、他方で、ハイデガーもまた利用したものの総体が、そこにあるからである（このことを隠蔽してもなんら益するところはないだろう）。すなわち、「天の火」に苛まれ、神的なものの現前のもとに身を置いたギリシアへの憧憬《ノスタルジー》、「新異教派」の外見、詩的教説の神聖化、「伝説」の復活の可能性への信仰、そして「いつか［……］我らの君侯の父祖と、その在所と、聖なる祖国の天使たちとを」[35]歌うことへの——つまり固有の歌、あるいは神話をドイツに与えることへの——希望がそこにある。

しかしヘルダーリンは、あまりにも共和主義的であった。彼はまた、あまりにも超越の感覚をもちすぎていた。たとえこの超越が、退去［retrait］[36]の顔貌なき顔貌のみを与えるものであるとしても、である。そしてとりわけ、自らの教説を解体しながら、彼は作品の最終的な脱組織化＝脱有機化［désorganisation］、読解可能なものの限界における数々の加筆訂正、さらに言説の散文的な字義化を行なった。あるいはそこには、讃歌に対する激しい敵意と、後期の詩における悲嘆の念があった。これらすべてを、ハイデガーは読もうとしなかった。あるいは、ありえないことではないのだが、これらすべてを、見ることさえしなかった……。

ヘーゲルは、それに対して何もできなかった。ロマン主義は、一世紀以上にもわたってあらゆる種類のメシアニズムないしは預言主義——共和主義的かつ進歩主義的な、革命的かつユートピア主義的な、ナショナリズム的かつ回顧主義的な——を強いることで、ヨーロッパの詩を覆い尽くしてきた。

以下、一貫して「冷醒さ」と訳した。

(33)［訳注］本書第二章「ねばならない」、訳注5を参照のこと。

(34)［訳注］本書プロローグ「ハイデガーの存在‐神話論」、訳注26を参照のこと。

(35)［訳注］ソフォクレスの悲劇の翻訳の冒頭に付された緒言（ホンブルク公女アウグステに捧げられている）からの引用。*SA. Bd. 5, S. 119-120.*

(36)［訳注］retrait は、ラクー＝ラバルトがジャン＝リュック・ナンシーとともに長年にわたって究明してきた主要概念のひとつ。通常は「退却」、「撤退」、「取り消し」等を意味する語であるが、彼らは retrait のうちに描線［trait］を引きなおすこと、すなわち retracer［痕跡を引きなおすこと］の契機を読み込み、「抹消」が同時に痕跡の記入であり、また「退去」が同時に特異な顕現であるような運動を想定する。しばしば「退引」あるいは「退隠」などの訳語もあてられるが、ここではこの語の表面上の意味を優先し、また、とりわけラクー＝ラバルトは、ハイデガーの総長職からの「撤退」の政治性を分析する際にも retrait の語を用いるため、「退去」の訳語をあてた。本書エピローグの冒頭でも retrait の論理に関する説明を読むことができる。

本来の意味で近代的な運動、数々の前衛運動《アヴァンギャルド》は、例外なくこの〔ロマン主義的〕重層決定をこうむってきたのである。

しかしながら、異論なく認めうるように思われるのだが、ロマン主義が、とりわけもっとも重大なその政治的含意をもって頂点に達するのは、――またもや記章《エンブレム》を用いて言えば――ヴァーグナーにおいてである。周知のように、それはドイツだけの現象ではない。ここに、私の最後の命題があることになる。

ある意味でヴァーグナーにおいて完成するロマン主義――ニーチェは、最終的に、それを明確に疑問視するに到った――は、たしかに、本来的な形而上学的基盤を欠いている。シェリングからショーペンハウアーに到るあいだには、大きな距たりがあるのだ。だがヴァーグナーは、ロマン主義の美学から、少なくとも以下の点を引き出している。

一、本来の意味で宗教的な（つまり政治的な）機能をもち、また、民族を自己-表象し、あるいは自己-讃美するという使命をもつ「未来の」芸術作品は、神話のうえに根拠づけられねばならない。というのも、神話のみが、民族に、自己を語り、自己を認め、つまり自己を同一化するということを行なうための、言語と数々の形象を与えうるからである。

二、偉大な作品、「総合芸術作品」は、悲劇あるいはキリスト教の「聖史劇」のうちにそのモデルをもつ（しかし忘れてはならないのだが、ミサ――マラルメをあれほどまでに魅了したミサ――は、シェリングの『芸術哲学』の結論部において、数々の偉大なモデルのひとつに数えられていた）。

三、あらゆる偉大な芸術は、ギリシア芸術が証し立てているように、二つの美学的–形而上学的原理の対立、あるいはシュレーゲル、ヘーゲル、ヘルダーリン以来、明確に同定されてきた二つの力の対立のうえに成り立っている。その二つの力を、ニーチェは、決定的な仕方で、ディオニュソス的なものとアポロン的なものと名づけることになる——とはいえ、周知のように、ここでもただちに公定普及《ウルガタ》効果[37]が生じる。

これらすべては、ロマン主義のいわば平均的な企図と、完璧に首尾一貫している。たとえ、思弁的観念論とヴァーグナーによるショーペンハウアーの利用とのあいだに、いかなる哲学的変異が生じているとしても、である。ところで、ロマン主義の完成のもっとも明瞭な結果は次の点にある。すなわち、作品が、聖体拝領的な感情の横溢を目指し（ヒステリー、とニーチェは言うことになる[38]）、言うなれば情動《アフェクト》（興奮）のみに触れつつ、もっとも茫漠とした形而上学的直観を喚起しようとするや否や、

(37)〔訳注〕本章訳注22を参照のこと。

(38)〔訳注〕「ヒステリー」は、一八八七年秋に執筆された断片のなかの言葉。「効果を得るためにヴァーグナーが好んで用いる手段（そのかなりの部分は彼が自分のために初めて発明せねばならなかった）を考えてみてもらいたい。——すなわち彼のオーケストラの動きや音色の選択、論理的で端正なリズムからのけしからぬ逃避、彼の「無限旋律」に見られる、忍び寄るような、撫でるような、思わせぶりな要素、ならびにヒステリー的傾向——。それらは催眠術たち効果を出すために用いる手段と奇妙に類似している」（『ニーチェ全集』、第Ⅱ期第一〇巻、清水本裕・西江秀三訳、白水社、一九八五年、二六〇ページ。ハイデガーはこの断片を『ニーチェⅠ』において引用し、ニーチェとヴァーグナーを対比させている（*Ga. Bd. 6-1*, S. 85-86；八八ページ）。これに関しては、*Musica Ficta*, p. 195；『虚構の音楽』、二〇八ページも併せて参照されたい。

詩は、端的に、音楽に隷属するのである。よく知られているように、ヴァーグナーには文筆《エクリチュール》の技術があった。新しい神話の形而上学的‐政治的企図は、それゆえ、まったく逆説的にも、〈言うこと〉を副次的なものとするところへと行き着く。あるいは、同じことなのだが、その企図は、〈言うこと〉を無限の旋律《メロス》として誤って本質化するところにまで行き着く。おそらくそれゆえに、マラルメが展開した闘争は、範例的性格をもつのである。彼は〈詩〉つまり言語の優位を執拗に擁護し、したがって、この点に関するボードレールの偉大なる弱さを贖おうとしたのである。だが、それゆえにまた、自らの破滅を招こうとも、節度を欠いた全体的もしくは全体化をめざす形而上学的‐政治的企図を断念した詩的試みは、ことごとく、確実に範例的性格をもつのである。すでにヘルダーリンには言及したが、私は、ランボーの『地獄の一季節』に見られる冷醒さの遺言も念頭においている。このようなロマン主義的誘惑への「別れ[adieu]」[39]（とはいえ、それは革命的ユートピアの形をとる「別れ」であり、明らかに、その誘惑と真向から対立するものではなかった）は、実のところ、ランボーが不可分な形で〈科学〉と〈魔術〉と名づけえたもの――それぞれの語彙は、ヘーゲルとシェリングから同時に引き出されてきたかに見えるのだが――の拒絶のことである。

とはいえ、我々はロマン主義から放免されることがあるのだろうか。ロマン主義は、私がやむをえず「国民‐美学主義」と呼ばざるをえなかったもののうちで、怪物的な完成を遂げる（急いで言い添えておきたいのだが、私は、このロマン主義のいかなる偉大な代表者も、単純に糾弾することはない）。そのような完成にもかかわらず、我々は、詩作をめぐるある種の解釈が、どれほどの重みをもって、思考との係わりにおいて、そしてその政治的（「歴史的《イストリアル》」）使命において、我々にのしかかってきたかということを十分に承知している。その解釈は、ヘルダーリンやトラークルの解釈を実行する際にさえも――さらには後にランボーを解釈する際にも（じつはその解釈は間違っていたが）――、ロマン主義のもっとも深遠な主題系について、奇妙にも明晰さを欠いていた。

ハイデガーについて――というのも彼が問題になっているからだが――、我々はもはや、単純化する権利も持たなければ、告発する権利も持たない。だが、次のことを認めねばならない――この「ねばならない」は命法である。

一、ハイデガーは、ある種の失望を経て妥協へと到ったのだが（つまるところ、実際に彼が失望したということは疑いえない）、それゆえに、彼は国民社会主義を（周知のように、その道を外れた「内的真理」と「偉大さ」の方向へと）愚かしく、あるいは虚しくも「方向修正」しようと試みつつ、いかなる予防線も張らずに、きわめて偏ったヘルダーリン読解に依拠することができた。根底からして、このことは正しくなかった。たとえ、ある段階において捉えると――あるいはある層において捉えると――、ヘルダーリンがそのような読解を招きうるとしてもである。

二、ヘルダーリンの解釈は――そしてまたトラークルの解釈も――、ハイデガーの晩年のテクストにおいてなお、「再神話化」とでも呼びたくなるものの方向へと突き進んでいった。一連の展開は周知

（39）［訳注］本書第二章「ねばならない」、訳注62を参照。

のものである。すなわち、芸術の本質は*Dichtung*［詩作］であり、*Dichtung*の本質は*Sprache*、つまり不可分な形で言語《ラング》であると同時に語り《パロール》であり、そして*Sprache*の本質は、*Sage*［伝説、伝承］であり、ミュトスである。一九五〇年代においても依然として、ハイデガーは、*Sage*が*Heldensage*［英雄伝説］ではない、それは実際にジークフリート伝説ではない、と述べることになるだろう。彼の反ヴァーグナー主義は、つねに揺るぎないものであり、いずれにせよ、それによって彼は他の者たちから際立っていた。だがやはり、それでも、*Sage*はミュトス以外のものを翻訳することはありえなかった。そして実のところ、そこには、釈然としない何かがあるのだ。

　芸術の本質は神話であるということになるだろう。ここから我々に、少なくとも、ひとつの問いが遺されることになる。

　我々のものであるこの歴史的時代において、固有語法《イディオム》へと閉ざされた秘教主義にまで到る、詩のある種の「私有化［privatisation］」を、人びとが嘆くのは当然のことであると思われる。しかもその「私有化」は、思考することの断念ではないにせよ、政治的な、あるいはより広く歴史的な記銘［inscription］の断念と相関関係にあるような「私有化」なのだ。たしかに、ヨーロッパには激震が走っているのであり、このことは、現在毎日のように確認されている。だが、今日、〈神話素［Mythème］〉なしの〈詩［Poème］〉など考えられるのだろうか。すなわち、自らの可能性において自らを思考すること（これは端的に思考することと同じことである）をはばからず、また、なければならないこと［ce qu'il faut］を人間たちのために予言する――つまり人間たちに、人間たちのために、なければならないことに応答責任をもつ——ことはばからなかった〈詩〉など、考えうるだろうか。ここでも、問題となっているのは命法である。

ツェランが、こうした問いに応答しようとしたのは確実であり、それはハイデガーによる詩作の過剰解釈との、一歩もゆずらぬ闘争に到るまでつづけられた。

ツェランが「詩人たちの時代」を終結させたのは、このような理由によるものだったのではないだろうか。

たしかに、この考えは支持しうるものである。この種の問いを私はすでに追究したことがあるのだが、その際の言葉を用いて言えば、「詩人たちの時代」は、「テュービンゲン、一月」と「トートナウベルク」(40)というたしかに絶望的な二つの詩のあいだで終結した、ということになるだろう。すなわち、ヘルダーリンに対する断念と、ハイデガーの——大仰にも「詩的な」——沈黙に対する怒りとのあいだで、あるいは、「思索の作品」としての詩作の終焉を言うための、二つの究極の詩のあいだで、その時代は終結するのだ。

(40)〔訳注〕「テュービンゲン、一月」(*Tübingen, Jänner*) は『誰のものでもない薔薇』(*Die Niemandrose*, 1963) 所収の詩。また、「トートナウベルク」(*Todtnauberg*) は、一九六七年七月二十四日から二十五日にかけてのフライブルクにおけるハイデガーとの出会いののち、八月一日にフランクフルトで執筆された詩で、一九六八年に刊行、のち『光の強迫』に所収 (*Lichtzwang*, 1970)。これらの詩については、ラクー＝ラバルトが『経験としての詩』(*La poésie comme expérience*, Paris, Christian Bourgois, 1986；谷口博史訳、未來社、一九九七年) の第一部、「パウル・ツェランの二つの詩」で詳しく論じている。

だが私は、このことにそれほど確信をもっているわけでもない。最後に、この疑いがどこに由来するものなのかを、説明しておきたい。

一九三〇年代のドイツには、ロマン主義を受容するための二つの仕方があった。第一に、当時もっとも普及していたのは、ニーチェの名のもとに、ロマン主義をすべてまるごと、しかしおそらく真には理解せずに、迎え入れるという仕方であった。それはドイツの巨大な伝統をなしていた。もうひとつの仕方は、第一のものより稀少で、もしかすると唯一のものでさえあったのかもしれないが、ロマン主義に対処し［traiter］、それを哲学的に真面目に受け止めるという仕方であった。

ハイデガーは、多かれ少なかれ例にもれず、第一の仕方を例証している。しかもそれは、彼が可能な限りニーチェと闘い、思弁的観念論を位置づけ（彼は、厳密に、観念論をロマン主義と関連づけている）、ヘルダーリンとこの歴史的ないしは歴運的《イストリアル》な係わり合いとのあいだに線引きをしようとするとき、よりいっそう顕著なものとなる――そこにこそ、ハイデガーの哲学的真面目さのすべてがある。そうしながらも、彼は神話を断念することがなく、また〈詩〉の宗教的召命を断念することもなかった。一九三五年に、ハイデガーは、〈歴史〉の根源について、それが古生物学ではなく神話（学）の領域に属すると主張することができた。その二十年後に、彼は、ミュトスがロゴスに屈するのは神的なものが退去するからなのだ、と述べることができるようになる。一九四六年に、彼は、依然として次のように書いていた。彼はそれを最終的に一度として断念しなかったことになる。

「ドイツ的なもの」は世界に向けて、世界がドイツ的本質において恢癒するために言われているのではなく、ドイツ人たちが諸民族への運命的帰属にもとづいて諸民族とともに世界史的なものとなるために、ドイツ人たちに言われているのである。［……］この歴史的に住むことの故郷は、存在への近さである。この近さのうちで、次のことに関する決定が、およそなされるとすれば、なされるのである。すなわち、神と神々とは、それ自身を拒み、そして夜がとどまるのか、そして、それはいかにしてなのか。聖なるものの黎明は始まるのか、そして、それはいかにしてなのか。この聖なるものの立ち昇りのうちで、神と神々との出現は新たに開始しうるのか、そして、それはいかにしてなのか。しかし、聖なるものとは、ただ神性の本質空間にすぎず、その神性とは、ただ神と神々のために次元を与えるものであるに過ぎないのだが、その聖なるものが輝きのうちへと到来するのは、ただ、あらかじめ長い準備のうちで存在それ自体がそれ自体を開き、そして存在の真理において経験されたときだけなのである。このようにしてのみ、存在から発して、そのうちで人びとのみならず人間の本質そのものが彷徨するところの故郷喪失性の、克服が始まるのである。(41)

この文章は、『ヒューマニズムについての書簡』から抜き出したものである。ヘルダーリンへと送り

（41）［訳注］Heidegger, *Ga. Bd. 9*, S. 338-339；四二八－四二九ページ。

返されたこの文章においては、ヘルダーリンの *das Deutsche*〔ドイツ的なもの〕という語が活かされている。それはフランス語訳に従えば「ドイツ的現実〔réalité allemande〕」であり、あるいは「ドイツ性〔Alémanité〕」のことである。これより少し前の箇所で、ハイデガーは、次のように書いていたが、そこで彼は、自らの解釈にいかなる疑いも差し挟んではいない。

それ自体が現存在の「現＝そこ〔Da〕」であるところの、この存在「の」近さは、ヘルダーリンの悲歌「帰郷」に関する講演（一九四三年）のうちでは、『存在と時間』から思考され、歌びとの詩からいっそう明瞭に言い表されつつ聴き取られ、そして存在忘却という経験から発して「故郷」と名づけられている。「故郷」というこの語は、ここでは、ある本質的な意味において考えられている。つまりそれは、愛国主義的もしくは国民主義的にではなく、存在史的に考えられているのである。しかし同時に、故郷の本質は、近代的人間の故郷喪失性を存在史の本質の方から思考するという意図においても、名づけられている。ニーチェはこの故郷喪失性を経験した最後の人物であった。彼は形而上学の内部において、形而上学を転倒することのほかに、故郷喪失性からの出口を見出すことができなかった。まさにそこにおいて、出口なしの状態が完成した。だがこれに対し、ヘルダーリンは、「帰郷」を詩作したとき、彼の「同郷の人びと」がその本質へと到る道を見出すことができるように気遣っていた。彼らの本質を、ヘルダーリンは民族のエゴイズムのうちに求めているのでは決してない。ヘルダーリンは、むしろ西洋の命運への帰属から発して、彼らの本質を見出しているのである。[42]

それでもやはり、このこと〔故郷喪失性の克服〕が行き着いた先は、周知のとおりである……。数々の否認は、もはやなすすべをもたない。

ロマン主義を受容するもうひとつの仕方――ニーチェから離れてロマン主義に対処する仕方――は、ベンヤミンの仕方である。長いあいだゲオルゲ「サークル」に魅惑され、[43] またヘリングラート版の大全集が刊行されるやヘルダーリンの注釈をしたとはいえ、[44] 彼は、一九二〇年に、初期ロマン主義の批

(42) 〔訳注〕*Ga. Bd. 9, S.* 337-338；四二八ページ。

(43) 〔訳注〕「ゲオルゲ・サークル〔George Kreis〕」とは、詩人シュテファン・ゲオルゲ（一八六八―一九三三年）を先導的な詩人として、その周囲に形成された文芸サークルであり、若きホフマンスタールや、グンドルフ、ベルトラム、カントロヴィッチ、ヘリングラートらが加わっていた。ボードレールやマラルメを翻訳・受容し、また独自の仕方でニーチェを受容したほかに、二十世紀におけるヘルダーリン再評価運動を主導した点も、このサークルの特徴である。

(44) 〔訳注〕ノルベルト・フォン・ヘリングラート（一八八八―一九一六年）は、ゲオルゲ派の若き秀才で、その学位論文「ヘルダーリンによるピンダロス翻訳」(*Pindarübertragungen von Hölderlin*, Jena, Eugen Diederichs, 1911) では、当時文学史には完全に無視されていた狂気の時期のヘルダーリンによるピンダロス翻訳の意義を解明し、ヘルダーリン再評価運動の第一人者となった。一九一三年より歴史的批判的全集版の刊行を手がけるが (*Sämtliche Werke: historisch-kritische Ausgabe*, unter Mitarbeit von Friedrich Seebass besorgt durch Norbert v. Hellingrath, G. Müller, 1913)、第一次世界大戦に従軍、一九一六年にヴェルダンの最前線にて戦死した。彼の全集は、ハイデガーがそのヘルダーリン解釈において活用したことが知られるが、ベンヤミンもまた一貫して

評概念をめぐる論文を刊行する。
ほんの少しばかり輪郭を固めることで、次のような逆説があると言うことができるだろう。ベンヤミン自身が何度も告白しているように、ロマン主義のうちでも彼が照準を定めていたものとは、その秘教的な中心あるいは核心、つまり彼の言うところの「メシアニズム」であった。それは、彼の眼から見ると、歴史と宗教が一致するロマン主義の中心点をなしており、つまりそこでは、新たな宗教を根拠づけるという、ロマン主義に取り憑いた秘密の欲望が表明されていたのである。そしてこの根拠づけの出発点となるのが、本質において理解された芸術、すなわち*Dichtung*である。我々は、よく知られた風景を眼の当たりにしている。だが、その同じベンヤミンが、論文の最後の数ページで、シュレーゲルとノヴァーリスが「芸術の〈理念〉」と呼んでいたものを検証する段になって（したがって、〈詩《ポエジー》〉の〈詩《ポエジー》〉、累進的普遍詩、反省的〈詩《ポエジー》〉、超越論的〈詩《ポエジー》〉等々、彼らの教理の主要概念を説明する段になって）、最後には、要するに「〈詩《ポエジー》〉の〈理念〉は散文である」ということを証明するに到るのである。[45]
もちろん、ここで彼が念頭に置いているのは、ロマン主義者たちが小説《ロマン》――とりわけ『ヴィルヘルム・マイスター』――に割り当てていた運命である。だが、彼はまた、自らが解釈をしているのだということをわきまえていた。その際の解釈とは、ひとつの義務――ひとつの命法――という意味での解釈であった。このことを、彼は論文の準備期間中に、ショーレムに宛てて記している。「しかしロマン主義者たちを（合理的に）解釈しなければならないのです[46]」。ところで、この解釈は、ヘルダーリンから一直線に導かれる解釈である。とはいえ、それは、ハイデガーの解釈によって我々におなじみのものとなったヘルダーリンではない――それもひとつの解釈ではあるのだが、同じ解釈ではない。

ベンヤミンはこう述べる。

〈詩《ポエジー》〉の理念を散文として把握するという構想が、ロマン主義の芸術哲学全体を規定している。このような規定により、ロマン主義の芸術哲学は、歴史的にみて多方面に影響を及ぼすものとなった。この芸術哲学は、近代的な批評の精神とともにひろまっていったのみならず――ただしその際に、この芸術哲学がその諸前提および真の本質において認知されたわけではなかったのだが――、また、多かれ少なかれはっきりと刻印されたかたちで、〔……〕のちの時代の芸術流派の哲学的基盤へと入り込んでいった。〔しかし〕とりわけ、この哲学的根本構想は、広義

（45）〔訳注〕Benjamin, *Gesammelte Schriften. I-1*, S. 100-101；『ドイツ・ロマン主義における芸術批評の概念』、一一二ページ。

（46）〔訳注〕一九一七年六月のもの。Walter Benjamin, *Gesammelte Briefe*, Band 1, Suhrkamp, S. 363；『ヴァルター・ベンヤミン著作集』、第一四巻、書簡Ⅰ、野村修編集・解説、晶文社、一九七五年、八三ページ、強調は引用者によるもの。

この全集版を用いた。なお、ベンヤミンが「ヘルダーリンの二つの詩」を執筆したのは、ヘリングラート版全集が刊行された直後（一九一四―一九一五年）であり、また、ベンヤミンがこの論考を執筆していた一九一五年の初頭に、ヘリングラートはミュンヘンで「ヘルダーリンとドイツ人」および「ヘルダーリンの狂気」と題された連続講演を行なっている。

でのロマン主義サークルそのものの内部において、ある独特な関係をもたらしている。このサークルに共通するものは、［……］ただ文学のうちにのみ探し求められ、同様に哲学のうちにも探し求められない限りは、いつまでも見出されないままでありつづける。この観点から見るとき、広義のロマン主義サークルのなかに——その中心そのものへ、とは言わないまでも——、ひとつの精神が仲間入りしてくる。この精神は、単に語の近代的な意味で詩人と評価するだけではない（この詩人というものがどれほど高く評価されねばならないとしても）把握することができないし、また、この精神がロマン派に対してもつ観念史的な関係は、この精神とロマン派との特別な哲学的一致が顧みられずにいるならば、いつまでも不明瞭なままにとどまる。この精神とはヘルダーリンにほかならず、そして彼とロマン主義者たちとの哲学的な関係をうち立てているテーゼとは、芸術の冷醒さという命題である。この命題は、ロマン主義の芸術哲学の本質的にまったく新しい根本思想、そして今なお見極めがたく影響を与えている根本思想であって、西洋の芸術哲学におけるおそらくもっとも偉大なエポックが、この命題によって特徴づけられるのである。(47)

このテーゼにおいて問題とされているのは、要するに、近代文学の本質なのだが、それを補強するために、ベンヤミンは、ヘルダーリンが作品の「計算」について語ったソフォクレスの『註解』の名高い冒頭を、長々と引用する。彼はまた、この直観をノヴァーリスとシュレーゲルの数多くの言明に引き寄せる。「本来的な芸術詩は算定可能である」、「芸術は機械的である」。「本来の意味での芸術の中枢は、端的に、知性のなかにある」、「真の作者は制作者（でなければならない）」、等々。したがって、我々は、バディウならば〈数学素〔Mathème〕〉と呼ぶところのものと縁を接していることになる。そのうえバディウ自身が過つことなく拠り所としているように、ランボー、ロートレアモン、マラルメにも数々の同様の言明がある。すなわちそれは「厳密な数学」である。だが〈数学素〉は、ベンヤミンに従えば、「数学的なもの」ではない。それは〈詩〉そのもの、つまり散文なのだ。とすると、なぜ哲学が、あるいはいまだに〔哲学として〕哲学に残されているところのものが、〈詩〉からの「縫合解除」などに応じなければならないというのか。また他方で——しかし同じ運動において——、以上のことが、初期のベンヤミンも証言していたように、もうひとつ別の政治に関わりうるのであるならば。そして、散文——私が言っているのは散文としての詩である——が、おそらく今日もなお、「ヨーロッパにおける新たな理念」[48]であるとするならば。

（47）〔訳注〕Benjamin, *Gesammelte Schriften. I-1*, S. 103；二一八—二一九ページ。
（48）〔訳注〕Badiou, *Manifeste pour la philosophie*, p. 84. ここでバディウは反プラトン主義から完全に恢癒しなければならないとし、「真理」が、「ヨーロッパにおける新たな理念」であると述べている。

ねばならない

一九九一年にテュービンゲンのヘルダーリン協会が企画する塔での講演《トゥルム・フォアトラーク》の枠で行なわれた講演。初出のテクストは *MLN*, n°107, The Johns Hopkins University Press, Baltimore, 1992 に発表されたものであるが、とりわけ塔での講演《トゥルム・フォアトラーク》の編集を担当したヴァレリー・ラヴィチュカの求めで修正を加えた。またこの講演は、最初に発表されたときから、ロジェ・ラポルトに捧げられている。

ねばならない

「書くこと、書くことの要請」[1]。これはモーリス・ブランショの言葉であり、そこで問題とされているのは、すぐにも理解されることだが、「文学」なるもの〔*la* « littérature »〕と正面から名づけることがもはや許されないものの本質性そのものである。騒ぎ立てることもなく、ほとんど控え目なまでに、しかし、まったくもって明瞭に、それが問題とされている。「文学」であったところのもの、そしてこれほど夥しい数の自負と、霊感を受けた気取り《ポーズ》とを可能にしてきたものは、このような内容を欠いた命法を介して、その〔文学という〕事実のもつ裸の実存へと、そしてある種の理由なき義務へと立ち返らされる。これは、『地獄の一季節』のランボーが、大地と粗野な現実における存在[2]とを述べたのと同

(1)〔訳注〕Maurice Blanchot, *L'Entretien infini*, Gallimard, 1969, p. VII.

(2)〔訳注〕「大地」と「粗野な現実〔réalité rude〕」とは、例えば、「別れ」(『地獄の一季節』所収)のなかの次の一節などを指しているものと思われる。「この私! いっさいの道徳を免除された、道士とも自認したこの私が、果たすべき務めを探し求め、ざらざらした現実〔réalité rugueuse〕を抱きしめるべく、土に戻されるの

じことである。外見の相違にもかかわらず、じつは非常に近い領域において、ベケットは、「なぜ書くのか」という質問を投げかけたあるアンケートに対して、碑文のように簡潔に、「それしかできないからだ[3]」と答えた。

要請ということを言うために、我々の言語には――つまり、ヘルダーリンがいくらか話すことのできたフランス語、いずれにせよ、彼の後期草案ないしは偉大な詩の最後の改稿案にちりばめられたフランス語には――、おそるべき成句がある。ねばならない［il faut］[4]。おそるべき、しかしおそらく、かけがえのない。

たやすく見てとることができるように、« falloir » は、後期ラテン語の *faillire* から派生した動詞であり、さらに *faillire* は、「誤らせる」「免れる」「欠ける」を意味する古典ラテン語の *fallere* から作られた動詞である。falloir は faillir［危うく……しそこなう、背く、過ちを犯す］の二重語であり、そして言語そのものがそうしているのだが、我々は、命法あるいは責務を課すこの発話そのもののうちに――いわゆる非人称のものであるがゆえによりいっそう純粋で拘束力をもつこの厳命のうちに――、つまりこの〔非人称の〕ねばならない［«il» *faut*］のうちに、欠陥［défaut］と失墜［défaillance］と破綻［faillite］を聴き取らずにいることは不可能なのである。しかしそこから果てしなく聴き取られるのは、チャンスの切迫、成功の約束、あるいは失敗の確認でもある（そこには、まさしく「ほとんど」欠如がない［il s'en faut d'un « presque »：例えば、「ほとんど」成功していた、ということは、要するに、失敗したということである。つまり、成功の約束と、失敗の確認とのあいだに、無限の切迫がありつつも、無限小の欠如が残るのである(筆者補足)」。そしてこのような言い方は、人の功績を認定する場合にも用いる)。そこにはまた、当然のことながら、過誤［faute］の意味も聴き取られる。

ヘルダーリンを——つまり、もしそのようなものがあるとすれば、この名を表題とする作品を——このねばならないの徴しのもとに置くことを私は提案する。というのも、私はこの言語、フランス語でしか話すことができないからである。

事実、忘れてはならないのだが、ヘルダーリンは、彼が自らのもっとも高遠な、もっとも難解な思考を委ねたテクストのひとつ、つまりソフォクレスの翻訳への『註解』において、人間が神の定言的転換(5)に、したがってそれ自体が命法であるところの背離［détournement］に従わねばならない、と述べ

だ！　百姓だ！」(宇佐美斉訳)；Rimbaud, *Œuvres complètes*, Gallimard, coll. « Bibliothèque de la Pléiade », 1972, p. 116.

(3)　［訳注］「それしかできないからだ［Bon qu'à ça］」は一九八五年に『リベラシオン』紙が世界各国四百人の作家に寄せた「なぜ書くのか」というアンケートへの回答。Cf. *Pourquoi écrivez-vous? 400 écrivains répondent*, Libération, Le Livre de Poche, coll. « Biblio-Essais », 1988, p. 232.

(4)　［訳注］il faut は、文法的には、通常、名詞あるいは動詞不定形を伴い「……しなければならない」「……ねばならない」を意味する慣用句であるが、ここでラクー＝ラバルトは il faut のみを独立させ、言うなれば内容を欠いた要請ないしは命法として際立たせている。この効果を訳出するためには、「ねばならないの命法」などという訳語をあてることも可能だが、原文に忠実に「ねばならない」とした。

(5)　［訳注］「定言的転換［die kategorische Umkehr］」とは、すぐあとにラクー＝ラバルトが引用しているように、ヘルダーリンが「『オイディプス』への註解」において用いた言葉。ラクー＝ラバルトは、彼自身が仏訳した「『オイディプス』への註解」の訳注で、この語について次のように説明している（"*Œdipe le Tyran*" de *Sophocle*

ているのである――彼はこのように悲劇的瞬間を、つまり神と人間の「無際限な合一」が「無際限な分離によって浄化される」瞬間を描いている――（« *der Mensch, weil er in diesem Moment der kategorischen Umkehr folgen muß* »［人間は、このような瞬間には定言的転換に従わざるをえなくなり(6)］）。そこから、人間もまた、「たしかに聖なる仕方によってではあるが、裏切り者のように」方向転換する［＝背をむける se détourner］（先ほどと同じ語、*umkehren*［背離する、引き返す］が用いられている）ことを余儀なくされる。あたかも、命法のねばならないが、失墜と欠如（ヘルダーリンは不実を話題にしている(7)）とを前提とし、また同時に命じているかのようである。それらはともに、過誤の、侵犯の、あるいは悲劇的な法外さの帰結である。このようにしてヘルダーリンは、そのきわめて特異な神学において、我々の言語に隠されている要請の無限に逆説的な、いかなる弁証法的解決をももたらさない論理を、明らかにしたということになる。その要請は、ねばならないへと奇妙な共鳴を送る *falloir* と *faillir* のあいだの拍動のうちに隠されて――しかし、実に恐るべき仕方で作用して――いるのである。

　皆さんを前にして、今夜、私が分節化しようとしていることは、まだ粗削りの状態である。いま取り組んでいるある仕事において(8)、私は二つの目的を追求している。一方で、アラン・バディウが「詩人たちの時代の終焉」をめぐって発したプラトン－ヘーゲル的な布告に、私は答えたいと思っている。「詩人たちの時代」という語で、アラン・バディウはヘルダーリンとツェランのあいだの時代を指し示している。その時代、詩《ポエジー》には――少なくともいくつかの、といっても要するにその数は非常に少ないのだが、一種の「七詩聖《プレアデス》」のような七つの作品には――、哲学の失墜を補うという課題が与えられた。

ねばならない

哲学は、この時代に、「類を生み出す過程［procédures génériques］」の完全な作用を忘却し、自らの諸条件のひとつへと、すなわち科学（つまり実証主義）か、あるいは政治（これは端折って言えば、いわゆ

de Hölderlin, tr. fr. par Philippe Lacoue-Labarthe, Paris, Christian Bourgois, 1998, p. 245)。すなわち（1）kategorisch はカント的な意味での「定言命法［kategorischer Imperativ］」と響きあう語であり、「無制約」「無条件」の意味で理解すべきである。（2）Umkehr は、フランス語では retournement［回帰、転回］あるいは détournement［背離、背馳］といった訳語があてられることもあるが、Umkehr およびその派生語 Umkehrung は、当時ヘルダーリンが属した政治的コンテクストにおいては「フランス革命」を暗示しており、より一般的な意味でも「転覆」や「動揺」を意味するので、敢えて révolte［反乱、暴動］あるいは volte-face［反転］という訳語を選択すべきである。本書でラクー＝ラバルトは Umkehr の訳語として détournement を採用しているが、以上の説明にもあるように、ドイツ語の umkehren にはフランス語で「背をむける［se détourner］」と言うときの背馳の意味とともに、「反転」の意味が強く込められているため、敢えて日本語では、「転換する」あるいは「方向転換（する）」という訳語をあてた。なお、この概念をめぐる古典的論考としては、ベーダ・アレマンの『ヘルダーリンとハイデガー』（*Hölderlin und Heidegger*, Zürich / Freiburg im Breisgau, Atlantis, 1954；小磯仁訳、国文社、一九八〇年）が知られており、また、この問題を扱ったフランスでの先駆的研究としてはモーリス・ブランショの「ヘルダーリンの道程」（« L'itinéraire de Hölderlin », in *L'Espace littéraire*, Paris, Gallimard, 1955；『文学空間』所収、粟津則雄・出口裕弘訳、現代思潮社、一九七六年）を挙げておきたい。

（6）［訳注］「『オイディプス』への註解」のなかの言葉。Hölderlin, *SA. Bd. 5*, S. 202；『ヘルダーリン全集』、第四巻、五五ページ。

（7）［訳注］「神的な不実こそもっともよく記憶に残るものだからである［……］。そういう瞬間には、人間はおのれを忘れ、神を忘れる。そしてむろんに聖なる仕方によってではあるが、さながら裏切り者のようにおのれの方向を全的に転換する。」*SA. Bd. 5*, S. 202；『ヘルダーリン全集』、第四巻、五四―五五ページ。

（8）［訳注］本書第一章「詩、哲学、政治」を指す。

る全体主義の哲学のことであろう）かへと「縫合」されるしかない。したがってそれは、ハイデガー的な連辞を用いるならば、「思索する詩作」の時代、つまり哲学が、少なくともこの種の縫合を拒絶することを要請された哲学が、詩《ポエジー》へと向かい、そこに思考のチャンスと約束を再発見するような時代である。これを範例的な仕方で証言しているのは、当然、ハイデガーである。そのうえ、このような理由から、バディウは、ツェランによるトートナウベルク訪問と、過大に喧伝された対話へのツェランの落胆に、ひとつの終焉の記章《エンブレム》となる形象を見るのである。

しかし他方で、私は次第に、ハイデガーのヘルダーリン注釈――それがあったおかげで、じつは、「詩人たちの時代」を遡及的に話題にすることが可能になったのだ――が、〈詩［Poème］〉よりもむしろ〈神話素［Mythème］〉に関心を寄せている（同じことをより明瞭に言えば、それは再神話（論）化［remythologisation］の法外な企てでさえある）のだという確信を抱くようになった。したがって私は、この注釈の流れを遡り、そこに当然含まれる帰結、すなわち、周知のように哲学的でありかつ分かちがたい仕方で政治的な、その帰結を測定してみたいと思っている。だがその帰結は、詩論にも、あるいは我々がかろうじてエクリチュールという用語で名づけようとしているものにも関わっている。またそれは、ブランショが「書くことの要請」と言い表したもののうちで、肯定されると同時に逃れ去ってゆくところのものにも関わっている。

このようにするとき、前提として必要なのは、当然のことながら、ヘルダーリンを別の光で照らし出すということである。あるいはそのテクストが――そしてそのテクストのすべてが――別の仕方で響き出すのを妨げないということである。

先に述べたように、これは現在進行中の仕事である。今夜、私は、その仕事がどこまで進んでいるかを述べるのではなく――すべての進行中の仕事と同様、それはどこにあるわけでもない――、それがどのような方向をとるのか、何がそれを突き動かしているのか、その仕事がどのような懸念に由来するのかを述べるよう努めたい。

ハイデガーが「追想」の注釈において犯した――それは一九四三年のことである――、しかもまぎれもなく意図的に犯した大きな過ちを、アドルノがその試論「パラタクシス」において、どのように取り上げたかを思い出したい。その一節、あるいはむしろその数節は、引用にあたいするものである。

ハイデガーが明らかに居心地の悪さを示しながら、「追想」のなかのボルドーの褐色の女たちを歌う詩句に加えている考察も、同じ類のものである。「女たち、この名称は、ここではなお、女主人や庇護する女といったかつての響きをとどめている。しかしこの名称は、ここでは、もっぱら詩人という存在の生誕との関連において名づけられている。讃歌の時期の直前、あるいはその時期への移行期に成立したある詩において、ヘルダーリンはここで知っておく必要のあるすべてのことを述べていた（「ドイツ人の歌」、第二連、第四巻一三〇ページ）[9]。

ドイツの女たちに感謝しよう！　彼女たちは
神々の姿の親愛なる精神を我々のために守ってきた

詩人自身にもまだ覆い隠されているこの詩句の詩作的な真理を明るみにもたらすのは、その後の讃歌「ゲルマニア」である。ドイツの女たちは、神々の出現が歴史の生起でありつづけるべく、神々の出現を救出する。その歴史の生起の留まりは、その時が来れば「史学的状況［historische Situationen］」を確認できるというような、年代測定による把捉から逃れ去る。ドイツの女たちは、親愛なる光の穏和さのなかに神々が到来するのを救出する。彼女たちは、この生起から恐怖を取り去るが、その恐ろしさがもつ驚きは、神々とその場とを感覚的に捉えようとする場合であれ、その本質を概念把握する場合であれ、いずれにせよ法外なもののもとへと踏み外させるのである。この到来を見守ることとは、祝祭を絶えず共同準備することである。しかしながら「追想」における挨拶＝言伝［Gruß］において名指されるのは、ドイツの女たちではなく、

当地の褐色の女たち

である」[10]。ヘルダーリンの詩句が、むしろ南方の女のエロティックなイマーゴに魅惑されているにもかかわらず、ハイデガーは、「女たち」という語がここで、なおも古風な——シラー的な、

と付け加えることもできるだろう――響きをとどめていて、それが「女主人あるいは庇護や女を意味していた」というのである。このようなまったくもって論証を欠いた主張は、解釈されている詩においてなんら問題になっていないドイツの女たちへと、話題をこっそりとずらし、彼女たちを讃美する。彼女たちは、髪を引いて連れて来られる〔＝無理やり引き合いに出される〕のである。(11)

アドルノの指摘、あるいはむしろ彼による「反復」は、当然のことながら、正当なものである。それは、エロティックな魅惑について露骨な形で言及し、また、この詩に特有のまったくもって「飾り気のない［sobriété］」言い回し［diction］にうまく適応できないハイデガーの誇張的かつ敬虔な注釈――その注釈のきわめて重苦しい政治的重層決定については何も言わないでおくとして――に反駁を加えているからである。ディーター・ヘンリッヒやピエール・ベルトーの仕事により、そしてとりわけ――と、私には思われるのだが――ジャン＝ピエール・ルフェーヴルの仕事によって、ヘルダーリンの

（9）［訳注］ハイデガーのページ数指定はヘリングラート版全集によるもの。*S.A. Bd. 2-1*, S. 4；『ヘルダーリン全集』、第二巻、五ページ。

（10）［訳注］Heidegger, *Ga. Bd. 4*, S. 107-108；一四八―一四九ページ。

（11）［訳注］Theodor W. Adorno, ‘Parataxis’, in *Gesammelte Schriften. Band 11. Noten zur Literatur*, Surhrkamp, S. 457-458；「パラタクシス」、高木昌史訳、『批評空間』、第一期、第五号、一七六―一七七ページ。

詩《ポエジー》が、ボルドーからの帰還後、どれほどまでに厳密に字義通りのものとなるかを知ることができる。次第に断片化され、脱臼されてゆく——そして次第に謎めいたものとなる——この詩《ポエジー》を特徴づけるものとは、結局のところ、その極端な明確さ、無防備なまでの明瞭さであり、それを通じてベンヤミンが「言語という剥きだしの岩」[12]と呼んだものが顔をのぞかせる。諸事物ないしは諸存在が問題になっているときにも、地名ないしは名一般が問題になっているときにも、さらには——少なくともアドルノが示そうとしているように——概念が問題になっているときにも、そうなのである。ジャン゠ピエール・ルフェーヴルは、フランス語の日常表現を用いて次のように述べている。「フランスからの帰還ののち、おそらく外見的にはそう見えないであろうが、ヘルダーリンは愚直に物を言う［appeler un chat un chat：猫を猫と呼ぶ］。例えば彼がフランスでの滞在を想起するとき、そこにはほとんど写真のような明確さが伴われるのである。あるいは別の言い方をすれば、彼は、驚くべきほど散文的になっているのである」[13]（この散文的というカテゴリーについては、あとでまた立ち戻ることにしたい）。「追想」は、実際に、つまり具体的に、ボルドーを話題にしている。たとえ、アドルノがあまりに一面的にそうしているように、「実際的なもの」と「具体的なもの」をその思弁的な意味で解すべきであるか否かは、やや疑問だとしてもである。詩は、詩としては、つまりその「詩作される《ポエマティック》」要素あるいはその詩作されるもの《ディクタメン》（ベンヤミンが、そしてのちにハイデガーが *das Gedichtete* と呼んだものをこのように翻訳するならば[14]）においては、「生きられた経験」を喚起することに限られず、また、旅行や滞在の物

(12) 〔訳注〕ベンヤミンは次のように述べている。「さて、ヘルダーリンの手紙だが、そこには、後期の讃歌を支配しているあのいくつかの言葉があふれている。故郷のありようと、ギリシアのありよう、天と地、民族性と満ち足りてあること。これらの言葉は、すでに到るところで言語という剥きだしの岩が白日のもとに姿を現している険しい高みにおいて、三角点にも似た、〝最高の種類の徴し〟なのである。それらの言葉を手掛りにして、詩人は、〝心の苦悩と生活の困窮〟が彼にギリシアの一地方として開示して見せてくれた国々を、測量する」(Benjamin, *G.S. IV-1*, S.171 ;『ベンヤミン・コレクション』、第三巻、浅井健二郎編訳、三一九―三二〇ページ)。ちなみに、この「手紙」とは、ヘルダーリンがフランスからの帰還後にカジミール・ウルリヒ・ベーレンドルフに宛てて記した一八〇二年一二月二日の書簡であり、そこには彼のフランス滞在についての記述もみられる。

(13) Jean-Pierre Lefebvre, « *Auch die Stege sind Holzwege* », in *Hölderlin vu de France*, Bernhard Böschenstein et Jacques Le Rider (dir.), Tübingen, Günther Narr, 1987. また以下も参照。« *Neue Fragestellungen zu Hölderlins Reisen und seinem Aufhalt in Frankreich* », Hölderlin-Gesellschaft, *Turm-Vorträge 1987-1988*, Valérie Lawitschka (éd.), Tübingen, Hölderlin-Gesellschaft, 1988 ; Jean-Pierre Lefebvre, *Hölderlin, journal de Bordeaux*, Bordeaux, William Blake and Cie, 1990.

(14) 〔訳注〕「ポエマティックなもの〔le poématique〕」は、ハイデガーの das Gedichtete の仏訳語、また「ディクタメン〔dictamen〕」は、ベンヤミンの das Gedichtete の仏訳語として知られる語である。das Gedichtete とは、動詞 dichten〔詩作する〕の過去分詞形を名詞化した語で、直訳すれば、「詩作されるもの」あるいは「詩作されるべきもの」となる（ハイデガーの概念の訳語としての le poématique は、ギリシア語 poemata〔創作されたもの〕から由来し、またベンヤミンの概念の訳語としての dictamen も、「指示されたもの」「啓示されたもの」を意味する）。das Gedichtete は、ベンヤミンにおいても、ハイデガーにおいても、特に作品として実体化、あるいは固定化されたものとしての das Gedicht〔詩作品〕と区別して用いられ、そもそも詩作行為に際して、詩人に課されてあるもの、詩人が書き取るべく命じられたもの（ラテン語の dictare は「書き取らせる」「口述筆記させる」の意を含む）を指し示している。いずれにせよ、das Gedichtete とは、ベンヤミンの説明によれば、詩人に課された使命と、それに対する解決としての das Gedicht〔詩作品〕との、両者の移行領域であり、これらの含意を完全には汲み尽くすことができないが、本書では便宜的にこれを「〈詩作されるもの〉」と訳した。

語や報告を作成することに限られるものではない。もし実際に、このことを想い起こしておくことが無駄でない——そしてとりわけ、無駄でなかった——としても（あろうことか、ハイデガーは、その注釈の冒頭において長々と、このことに限定して論証を展開している）、後期ヘルダーリンにおける現実感覚、しかも絶望的な現実感覚と私が呼ぶであろうものを、あるいはお望みであれば、その「真理への要請」とでも言えるものを、アプリオリに否認するためには、ある特異な自己欺瞞が、それもきわめて明確な意図が、なければならない——ならなかった——のである。

濡れ衣を着せられた詩節を、ジャン＝ピエール・ルフェーヴルの翻訳で読み返してみよう。それは、半ダースほどもある翻訳のなかで、私の知る限り唯一、「詩情を過度にかき立てる［surpoétiser］」ことなく、オリジナルのもつひとを無防備にさせる、そして無防備にされた単純さを復元している翻訳である（私は再び「無防備」という語を用いたが、この語は、「裸の」という語、あるいはその諸々の類語とともに、後期の詩篇群のうちに点々と散りばめられている）。

今もなおそれが私に思い出させてくれるのだ、そして
楡の木々が広々とした梢を、
風車小屋のうえに垂れ下げるさまを。
中庭には、しかし、無花果の木が育つ。
祭りの日、まさにそこでは、

褐色の女たちが行く、
絹の土地へと。
三月の季節、
夜と昼とが等しいとき。
そしてゆるやかな桟橋のうえを
金色の夢を重くはらみ、
眠りへと誘う微風が吹きわたる。

Il m'en souvient très bien encore et comme
Largement le bois d'ormes incline
Ses cimes au-dessus du moulin.
Mais il y a dans la cour un figuier.
Là même, aux jours de fête
Les femmes brunes vont
Fouler un sol soyeux,
À la saison de mars :
Quand sont pareils la nuit et le jour,

Et que dessus les lents embarcadères,
Lourdes de rêves d'or
Des brises endormeuses passent.(15)

(ロルモンの「眺望」を歌った)第一連あるいは(アンベスの砂嘴を想わせる)最終連もそうなのだが、そこにあるのは、単におどろくべきほどの地形的正確さだけではない。それだけでなく、アドルノはそれを知りえなかったのだが、今日では次のことが知られている。すなわち、まさしくロルモン(ガロンヌ川の反対側、つまりボルドーの対岸の町)には風車小屋があり、そこには、日曜になると人びとがやって来てダンスを踊る、ある種の酒場が設置されていた。総裁政府期〔一七九五―一七九九年〕と統領政府期〔一七九九―一八〇四年〕に、そこには歓楽施設ではないにせよ、少なくとも供宴の場所があったのだ。ヘルダーリンが精魂尽き果てるまでに関わっていた現実を、いかにハイデガーは回避しているか。このことを知っていたという、まさにその一点において、アドルノの指摘は的を逸していないのである。

しかし奇妙なのは、このようにハイデガーの誤りを訂正する瞬間に、アドルノが、自らの引用した数行に込められたあからさまな政治的射程に対して、突如としてきわめて弱腰になってしまう点である。ファリアスのように得々と、エルフリーデ・ハイデガーによる「母の考え」を想起させる必要もないであろう。(16)ドイツの女という表現は、当時の公式共通見解《トポス》であり、ハイデガーがこの共通見解《トポス》に

ねばならない

（15）〔訳注〕「追想」第二連より。Hölderlin, *SA*, *Bd 2-1*, S. 188；『ヘルダーリン全集』第二巻、二三〇―二三一ページ。ジャン＝ピエール・ルフェーヴルによる訳は、『フランスから見たヘルダーリン』所収の論考「小橋もまた杣径である」（« *Auch die Stege sind Holzwege* », in *Hölderlin vu de France*, Tübingen, Günther Narr, 1987）に発表されたもの。ドイツ語のヘルダーリンの詩は以下のとおり。

Noch denket das mir wohl und wie
Die breiten Gipfel neiget
Der Ulmwald, über die Mühl',
Im Hofe aber wachset ein Feigenbaum.
An Feiertagen gehn
Die braunen Frauen daselbst
Auf seidnen Boden,
Zur Märzenzeit,
Wenn gleich ist Nacht und Tag,
Und über langsamen Stegen,
Von goldenen Träumen schwer,
Einwiegende Lüfte ziehen.

（16）〔訳注〕ヴィクトル・ファリアス『ハイデガーとナチズム』（Victor Farias, *Heidegger et le nazisme*, Verdier, 1987；山本尤訳、名古屋大学出版局、一九九一年）における、ハイデガーの妻エルフリーデ・ハイデガー＝ペトリの論文への言及（二六四―二六八ページ）を指している。そこでファリアスは、「これまであまり知られていなかったか、ないしは顧みられないままであった」事実として、カール・シュトラッケの編集する雑誌『ドイツの女性教育――女性の高等教育制度全般についての雑誌』に発表されたエルフリーデの論文「娘の高等教育についてのある母の考え」（Elfriede Heidegger-Petri, "Gedanken einer Mutter über höhere Mädchenbildung", in *Deutsche Mädchenbildung. Zeitschrift für das gesamte höhere Mädchenschulwesen*, 11. Jg., Heft 1, 1935, S. 1-7）の存在を指摘している。

いかなる神学‐政治的次元を付与するにしても――実際、この共通見解《トポス》と神学‐政治的次元とは通約不可能である――、この主題を単に取り上げるというだけで、そして滑稽なまでに時宜をえない仕方で取り上げるというだけで、それはまた、共通見解《トポス》を更新し、それを称讃していることにもなるのだ。アドルノは、実際、こう付け加えている。

> 一九四三年に「追想」に取り組んでいたこの哲学的な注釈者はすでに、明らかに、フランスの女たちの出現が破壊的なものとなりうることを怖れなければならなかった。しかし彼はのちになっても、この滑稽な補論を何ひとつ変更しようとしなかった。名指されているのがドイツの女たちではなく、「当地の褐色の女たち」であることを認めながらも、彼は慎重に、いくらかの気詰まりを感じながら、詩の実際の内容へと戻ってゆく。[17]

たしかに、この論考の残りの箇所でアドルノは、彼自身が古典的な仕方で「ドイツ・イデオロギー」と呼んでいるものへのハイデガーの根深い帰属を問いに付す機会を逃さず、はるかに辛辣に振舞っている。そのうえ、この点に関して「パラタクシス」は、同じ時期の『本来性の隠語』において長々と展開された論証の要点をかいつまんで提示しているとも見なすことができる。しかしながら、ハイデガーの主張の法外さにもかかわらず、アドルノはここで、彼がそうすることのできたであろうほどには、ハイデガーに打撃を与えていないように思われる。

正確には、何が生じているのだろうか？

そこでは次のことが生じている［se passer］、すなわち、後期のヘルダーリンが発見し、彼が悲痛なまでに応じようとした要請のうちで生じている［se passer］ことどもに、何かが生じている［se passer］のである――戯れにそうしているのではないのだが、私の仮説をこのような言葉で言い表すことをお許しいただきたい。ボルドーへの出発直前のヘルダーリンに、突如、法的効力さえもつようになった厳命が発せられたまさにその場所において、アドルノとハイデガーのあいだの闘争《アゴーン》が生じているのだ。*Aber das eigene muß so gut gelernt seyn, wie das Fremde.*［しかし固有なものは、異質なものと同じく、よく学ばれねばならない］（ベーレンドルフ宛て書簡、一八〇一年十二月四日）これを私は、次のように転記したい。「しかし固有なものは、異質なものと同じく、よく学ばねばならない［Mais le propre, *il faut* tout aussi bien l'apprendre que l'étranger］。そして私はこの言葉を、ベートーヴェンの十六番（つまり最後の）弦楽四重奏曲の楽譜に付された注記、*Muß es sein?* ― *Es muß sein*［そうでなければならないのか？――そうでなければならない］とも共鳴させておきたい。その文体上の類似、そして文体上という以上の類似は、アドルノの試論において、一貫したものとなっているからである。「褐色の女たち」をめぐって争点になって

（17）［訳注］Adorno, "Parataxis", S. 458；一七七ページ。

いるのは、固有なものと異質なもの、近いものと遠いものの関係をめぐる問いのすべてなのである。ラカンが自ら転用したハイデガーの語彙を引き継いで言えば、それは現実的なもの［le réel］と何ものでもないもの［le rien］との、あるいは具体的なもの［le concret］と物［la chose］との関係をめぐる問いのすべてである、とも言えるだろう。それらは、無限に背馳する関係のうちでの増大の論理、例えば*Entfernung*（遠ざかりつつ距離を取り去ること）[18] といったハイデガーの概念のうちで作用している論理に従っている。ヘルダーリンの悲劇解釈をめぐって、私はその論理を「双曲線＝誇張法論理［hyperbologique］」と呼んだことがあったが、[19] その論理とは、単純な言葉でいえば、近づけばよりいっそう遠ざかる――その逆もまた成り立つ――というものである。そこで問題になっているのは、弁証法自体の宙吊りなのである。アドルノは、彼なりの仕方で、つまり自らへの忠実さに応じる形で、そのことを十分に知っていた。その証拠に、「褐色の女たち」をめぐるくだりのあとで、彼は次のような仕方で論をつづけているのである。そこで彼は、それ以後際立たせられることになる「祖国」という語の用法を問いに付しつつも、近しいものと固有なものの主題系を斥けないだけでなく、その奥深い性格を、あるいは彼が「メシアニズム」の語彙で述べているように、そのユートピア的な性格を、強調しているのである。

バイスナーは、ヘルダーリンの言葉と詩の題を拠りどころとしながら、後期讃歌を「祖国の歌」と名づけた。彼の手続きについて留保を加えるとしても、それは、文献学的な正当化への疑問なのではない。しかし、祖国という言葉自体が、あの詩が記されてから一五〇年間に悪しきものに変わってしまい、ケラーの「私は私の祖国の／いくつかの山々を今なお知っている、おお愛よ」といった詩句においてまだ保たれていた無垢さを失ってしまったのである。近しいものへの愛、幼年期の暖かさへの憧憬が排他的なものや他者への憎しみへと転化していって、そのことが言葉から拭い去りがたいのだ。その言葉は、ヘルダーリンにはその痕跡がまったくないあの国民主義《ナショナリズム》に、どっぷりと浸ってしまったのである。ドイツ右翼のヘルダーリン崇拝によって、ヘルダーリンにおける祖国的なものの概念があたかも右翼の偶像向きのものであって、全体的なものと個別的なものとの幸運な調和にふさわしい概念ではないかのように、歪められ、変えられてしまったのだ。ヘルダーリン自身は、この言葉によってのちに明らかになるところのものを、すでに次のように記している。「月桂樹のごとき禁断の果実、それはしかし、何にもまして祖国なのだ」そしてその続きにある、「しかしその果実を誰もが／最後には味わう」[20]とい

（18）〔訳注〕ハイデガーが『存在と時間』二三節「世界‐内‐存在の空間性」において説明した概念。通常は「距離をおくこと」を意味するEntfernungというドイツ語を、ハイデガーはEntとfernungのあいだで分割し（Ent-fernung）それによって、Ent-という接頭辞の意味を最大限に強調した。それによって、Entfernungは、距離をおきつつ距離を取り去るという二重の運動であることが示された。

（19）〔訳注〕ラクー＝ラバルトがヘルダーリンの悲劇論（とりわけ『アンティゴネー』への註解）を論じた論考「思弁的なものの句切り」（『近代人の模倣』所収、みすず書房より近刊）の、特に以下の箇所を参照されたい。«La césure du spéculatif» in *L'imitation des modernes*, Paris, Galilée, 1986, p. 64 *sq.*；「思弁的なものの休止」、守中高明訳、『批評空間』、第一期、第五号、二三九ページ以下。

（20）〔訳注〕「あるとき私はムーサに尋ねた」で始まる草稿より。*S.A. Bd. 2-1, S.* 220；『ヘルダーリン全集』、第

う詩句は、詩人の予定表を指示しているというよりは、近しいものへの愛があらゆる敵意から解放されるユートピアに照準を合わせていると言うべきであろう。(21)

アドルノとハイデガーを対立させている争異を過小評価するつもりはない。アドルノの敵意は明白である。それに、その敵意は、一度として打ち消されたことはなかった。非難の数々は、どれもきわめて正しく照準を定められたものであり、その厳しさの点において、彼の敵意は完膚なきまでのものになっている。その非難は、しかも、単に政治的（それに関しては、ヘルダーリンの政治的利用をめぐる遠回しな例を先に確認したところである）、あるいは、単に哲学的（存在の問いは、アドルノにしてみれば、そもそも首尾一貫していないのである）なものにはとどまらない。その非難は、同時に、そして言うなればより深刻に、美学に関わるものであり（ヘルダーリンを超美学化する［hyperesthétiser］ことは、あらゆる美的センスの不在をさらけ出している）、とりわけ解釈学と詩論に関わるものである。ハイデガーがいかに詩作されるもの《ル・ポエマティック＝ディクタメン》の概念を弄んだところで、彼は形式と内容、そして真理内実（*Wahrheitsgehalt* これはベンヤミンの概念である）の複雑な（アドルノ的な意味で弁証法的な）関係をまったくもって知らず、また「詩に特有なもの」を理解しない。したがって、ハイデガーは箴言的な要素、数々の格言しか扱っていないことになる。それは当然、ありうるかぎりもっとも恣意的なのである（ヘルダーリンの「詩的な〈言うこと〉」との類縁性もしくは兄弟愛を宣告すべく、自己自身によってのみ自己を権威づける思考）。

したがって、このような容赦のない批判がなかったかのように振舞うことはできないのである。だがしかし、アドルノがどの程度まで、ハイデガーの注釈を裏打ちしていたものに留意していたのかということに、注目せずにいることはできない。次の一文からだけでも、その徴しを受け取ることができる。「詩作と哲学は同じものを目指している。すなわち、それは *Wahrheitsgehalt*［真理内実］である」[22]。*Wahrheitsgehalt* は、たしかにアレーテイアと同じものではない。しかもアドルノは、*Denken und Dichten*［思索と詩作］といった誇張表現を軽蔑するのみだった。しかしそれが意味するのは、まさしく、彼が同じ地盤の上で争おうとしていたということであり、また、一瞬たりとも、彼が（偉大な）詩作と哲学との絶対的に特権化された関係を、改めて問いに付さなかったということなのである——そのうえ、彼は、その試論の冒頭において、文献学者たちに抗して、このような関係を長々と正当化することに腐心している。こうして、もっとも逆説的な仕方で、ある種の奇妙な共謀が成立する。それを私は、無限に黙説する共謀と呼ぶことにしたい。それを証拠づけるのは、とりわけ次の箇所である。

> たしかに、ヘルダーリンのいくつかの詩句はハイデガーによる解明にうまく適合するであろう。要するに、それは同じギリシア趣味の哲学的伝統の所産であるからだ。あらゆる真の脱神

二巻、二六八ページ。

（21）［訳注］Adorno, “Parataxis”, S. 458；一七七—一七八ページ。

（22）［訳注］“Parataxis”, S. 451；一七二—一七三ページ。

話化と同様、ヘルダーリンの内実には神話的な層が含まれている。恣意的だという非難では、ハイデガーに対しては不十分である。詩の解釈は語られなかったものに妥当するのであって、それゆえ、その解釈に対しては、それが詩のなかでは語られていないという反論が不可能なのだ。しかし、ヘルダーリンが沈黙を守っている事柄が、ハイデガーの敷衍していることではないということは、立証することができる。「立ち去り難いのだ／根源に近く住まうものは、その場所を」[23]という言葉を読むとき、ハイデガーは根源へのパトスと同じく、不動性の讃美に歓喜するかもしれない。しかしながら「私はしかし、コーカサスをめざそう！」といった途方もない一行、すなわちヘルダーリンにおいて弁証法の精神――あるいはベートーヴェンの英雄《エロイカ》の精神――にフォルティッシモで入りこんでくるこの一行は、そのような情調性とはもはや一致しえないのである。[24]

要するに、解釈の争いである。しかし無限に黙説する共謀――それは最終的には怒りにまで達しうるのだが――を問題にするとき、私は、共謀と、黙説と、その両方を強調したいと考えている。双方が、つねに互いに、その相手によって作り出されているからである。

共謀は、先に確認したように、ヘルダーリンと哲学、つまり思弁的観念論との関係のうえで結ばれる。たとえ、ある意味であらかじめ思弁的観念論を無力化させてしまったとしても、ヘルダーリンはその構築に貢献したのである。アドルノは、ヘーゲルに対する執拗な、しかし失墜をもたらしかねないある種の忠実さによって（まさしくそこに、「否定弁証法」の賭金のすべてがあるのだが）、あらゆる手段を尽くして、たとえその弁証法が宥和なき弁証法であったとしても、ヘーゲル的弁証法とヘルダーリンとの類縁関係をうち立てようとする――これに対しハイデガーは、少なくとも彼の書いたものにおいては、要するに、アドルノに比べて用心深かったのである。アドルノは、例えば、ハイデガーがヘルダーリンの哲学的解釈を回避するために付した有名な注を、「追想」の注釈に際して取りあげる。それは「パンと葡萄酒」最終連の後期草案のひとつ、「すなわち精神は家にはあらぬ／始源においても、源泉においても。故郷は精神を疲弊させる／植民地を、そして果敢な忘却を、精神は愛する」(25)をめぐるものである。彼はこう書いている。

> ハイデガーは老獪な仕方で、ヘルダーリンが出発点とした歴史哲学的な伝統の関連性への問いに答えないふうを装いつつ、しかしながらそれとの関連は、詩作されたものにとって瑣末なものだと示唆しつつ、具体的事実に対するヘルダーリンの態度と折り合いをつけてしまう。「シェリングやヘーゲルのドイツ的絶対形而上学の無制約なる主観性の原理から、すなわち、精神の

（23）［訳注］Hölderlin, *SA. Bd.* 2-1, S. 138；『ヘルダーリン全集』第二巻、一八一ページ「さすらい［Die Wanderung］」より。次の引用も同じ。
（24）［訳注］Adorno, "Parataxis", S. 455-456；一七五―一七六ページ。
（25）［訳注］*SA. Bd.* 2-2, S. 608.

〈自己‐自身の‐もとでの‐存在〉が初めて自己自身への帰還を要求し、またこの帰還が、こんどは〈自己の‐外での‐存在〉を要求するという原理から、この詩句〔「パンと葡萄酒」末尾の詩句を指す〕のなかで詩作された歴史性の法則が、どれほどまでに導き出されるというのか。そのような形而上学への参照は、仮にそれが〝歴史学的に正しい〟諸関係を見つけ出すとしても、どれほどまで詩作的な法則を明らかにするのか、あるいはむしろ不明瞭にするのか。これらのことが、ひたすら熟考に委ねられるべきであろう」[26]。ヘルダーリンはいわゆる精神史的連関のなかへと解消されえないし、彼の詩作の内実は哲学素へと無邪気に引き戻されることもない。しかし他方で、彼の作品がそこで形成され、そして言葉の細胞のうちに到るまで通じ合っているあの集団関係から、彼が引き離されることはないのである[27]。

ここからアドルノは、おそらくヘルダーリンがかつて「精神たちのコミュニズム」[28]と名づけたとされるものを、こう言ってよいと思われるのだが、暗黙に参照しつつ、ヘルダーリンとその「同志たち」とのあいだに、「形式にまでおよぶ」奥深い連帯があることを示そうとする[29]。しかも「概念装置」の範囲においてではなく、「思考の媒質《メディウム》によって表現されることを必要とする根本的経験」の範囲において、それを示そうとするのである。ヘルダーリンの根本的経験とは、ヘーゲルの場合と同様、「絶対的なものの現出」の必然的な契機としての、「歴史的に有限なもの」の経験である。そしてこのことを、ハイデガーは、歴史を存在論化したがゆえに見てとることができなかった。たしかに、アドルノは存在の問いがいかなるものであるのかを理解していない、あるいは理解していない振りをする。ハイデガーの命題（「存在は決して存在者ではない」）まで引用しつつ、それが「確固たるアンチテーゼ」へと還元されるという発言は、それがアンチテーゼという語の意味を取り違えているがゆえに、唖然とさせるものがある。(30) しかし他方で、アドルノは、ヘルダーリンとヘーゲルが「明確に表現された定理に到るまで一致していた」ことに注意を喚起している点で、間違ってはいなかった。「フィヒテの絶対自我［……］に対する批判がその例であり、その批判は、多分、後期のヘルダーリンが具体的事実へと

(26)［訳注］Heidegger, *Ga. Bd. 4*, S. 91；一二九ページ。

(27)［訳注］Adorno, "Parataxis", S. 460；一七八―一七九ページ。

(28)［訳注］「精神たちのコミュニズム［Communismus der Geister］」は、クリストフ・シュヴァブ（一八四六年にヘルダーリンの最初の『全集』を編纂した人物）の書類の中から再発見された一群のテクストのひとつであり、一九二六年にフランツ・ツィンカーナーゲルによって『ノイエ・シュヴァイツァー・ルントシャウ』誌に最初に発表された。この一群のテクストは、大部分がヘルダーリンの手によるものではなく、おそらくシュヴァブ自身が転記したか書き起こしたものであるにもかかわらず、ノルベルト・フォン・ヘリングラートの全集版およびフリードリヒ・バイスナーの全集版に収められたが、いずれにせよ、バイスナーの版では、「疑わしい」との記載を付されることになる。ラクー＝ラバルトはこのテクストにしばしば言及し、「精神たちのコミュニズム」という語句によってヘルダーリン、ヘーゲル、シェリングら、テュービンゲンの神学校《シュティフト》における精神的交流、とりわけ当時の革命的傾向を言い表そうとしている。この草稿とヘルダーリン周辺の知的サークルの関係、およびフランス革命との係わりに関しては、以下の研究が参考になる。Jacques d'Hondt, « Le meurtre de l'histoire », in *Cahier de l'Herne. Hölderlin*, 1989, pp. 219-238.

(29)［訳注］Adorno, "Parataxis", S. 460-461；一七九ページ。

(30)［訳注］"Parataxis", S. 459；一七八ページ。

移行するための基準であったに違いない」のである。[31] しかしながら、まさにここで、表面的な敵意を越えたところで、共謀と無限の黙説とが結合する。

ヘルダーリンとヘーゲルとのあいだの初期における連帯について記したあとで、アドルノはこう付け加えるのである。

ハイデガーの哲学にとっても、たしかに時間的なものと本質的なものとの係わりは、異なる名目のもとにであれ主題化されているのだが、彼は間違いなくヘルダーリンとヘーゲルとの交流の深さを感知していた。だからこそ、彼はその交流を執拗なまでに取り消そうとするのである。存在という語をあまりにも手早く用いることで、彼は、彼自身が見抜いたものを曖昧にしてしまう。ヘルダーリンにおいては、歴史的なものは根源史的であって、しかもそれが歴史的であればあるだけ、よりいっそう強烈なものとなる、ということが窺える。彼によって詩作されたもののうちでは、この経験の力によって、ある限定された存在者に重みが与えられるのだが、その重みを、ハイデガー的な解釈の網目は、ましてやすくい取ることなどできないのである。ヘルダーリンと親和的であったシェリーにとって、ロンドンのような［*much like London*］都市は地獄であり、またのちにボードレールにとってパリの近代《モデルネ》がひとつの原型であるように、ヘルダーリンは名をもった存在者と観念とのあいだに、到るところ照応関係を認める。当時の言語で有限と呼ばれたものは、存在の形而上学が待望して得られなかったところのものを、もたらさねばならない。つまり、絶対的なものに欠けている名を、概念の彼方へともたらさなければばならない[32]。

〈絶対的なもの〉**に欠けている**［faire défaut］名を、概念の彼方へともたらすこと。はっきりと見てとることができるように、アドルノの論証の昂ぶりそのもののうちで、そして彼の慌しさのうちで、実のところ、ヘーゲルとの差異が決定的なものになる。それは、概念の彼方にあるものとしての名の問いをめぐる差異である。この発言は、悲歌《エレギー》「帰郷」においてすでに発せられ、ハイデガーがこの悲歌を注釈するためのライトモチーフのひとつとした例の発言、しかも彼が晩年に執筆したテクストの題名とした発言の、非常に近いところにある。すなわち、その発言とは、*Es fehlen heilige Namen*、「聖《サクレ》なる（あるいは神聖《サン》な）名が欠けている」というものである[33]。しかしハイデガーは、まさしくこの点において、再神話化に関与しているのである——そもそも、アドルノもそのことをはっきりと見抜いていた。「神話との共謀によってハイデガーは、ヘルダーリンを神話の証人に仕立て上げ、その方法によって結果を先取りするのだ[34]」。そしてアドルノはといえば、まったく異なる道を進みなおす。両者とも、ご理

（31）［訳注］“Parataxis”, S. 462；一八〇ページ。
（32）［訳注］“Parataxis”, S. 462；一八〇ページ。
（33）［訳注］Heidegger, *Ga. Bd. 13*, S. 231-235；二八九—二九七ページ。
（34）［訳注］Adorno, “Parataxis”, S. 461；一七九ページ。

解いただけたと思うのだが、実のところ、ヘルダーリンを思弁的弁証法から引き離そうとしているのである。しかし、私は次のように図式的に述べておきたい。すなわち、ヘーゲルに対するハイデガーの戦略が（絶対的）先行未来の論理――「源流への回帰」[35]と、ハイデガーの晩年の哀れな犠牲者の一人であった不運なルネ・シャールは言っていた――に従うのに対して、アドルノは、近代的なものをめぐる戦いを遂行しようとする。彼の考えによれば、ヘルダーリンは、実のところ、その戦いを実際に導いた最初の人物だったのである。

先の引用において、皆さんの耳にボードレールの名が響きわたっていたことと思う。そしてただちに、アドルノが、ヘルダーリンの読解に際して、いかなる権威を笠に着ているかが理解されたことと思う。実際、すべてが、あるいはほとんどすべてが、ベンヤミンの名高い衝撃的な試論、「フリードリヒ・ヘルダーリンの二つの詩」に由来しているのである。一九一四―一九一五年の冬に執筆されたこの試論は、一九五五年に、それもアドルノ自身の肝入りで発表された。ここでは立証する時間はないが、次のことを、是非とも主張しておきたい。すなわちベンヤミンは――私も今回に限っては「先駆的」と評しうる〔たぐい稀なる〕この試論において――、「フランスからの帰還」後の、後期ヘルダーリンによる先行作品の改稿の事例を扱うことで、その「方法論的」原則と解釈学的直観を検証したが、すべてを考慮してみても、アドルノは、それをヘルダーリンの作品の総体に拡張しつつ応用するという以上のことを、ほとんどしていないのである。

アドルノの論証において戦略的にもっとも決定的な概念のひとつは、「脱神話論化」(*Entmythologisierung*)である。この概念は、多分ハイデガーから着想を得た（あるいは、ハイデガーがブルトマンから着想を得た）[36]ものと思われるプロテスタント神学の標語と、混同してはならないだろう。それは反対に、アドルノがこの時期に構築し始めたもうひとつの概念、すなわち*Entkunstung*〔脱芸術化〕の概念と大いに関係している。この概念は、数年後の『美学理論』において主要概念となるが、これによってアドルノは、一挙に同じ運動をもって、ヘーゲルとハイデガーによる芸術の解釈を越え出ようとする。「脱神話論化」は、*Dichtung*〔詩作〕を*Sage*〔伝説〕とするハイデガー的な規定にはっきりと対立する。*Sage*という語のうちにギリシア語のミュトスのドイツ語訳を見出さずにいることは困難だからである。そ

（35）〔訳注〕Cf. René Char, *Retour amont*, Gallimard, 1966.

（36）〔訳注〕プロテスタント神学の用語としての「脱神話化」は、ルドルフ・ブルトマン（一八八四—一九七六年）が聖書解釈の方法として一九四一年に、『啓示と救済の出来事』において提唱したとされる用語。戦後より広く、プロテスタント神学において脱神話化論争とよばれる議論を引き起こした。ハイデガーとの関係については、これ以前にマールブルク大学で教鞭をとっていた一九二〇年代半ばに、ブルトマンによる「預言者の書」の講読に参加していたことが知られている。これに関しては、ライナー・シュールマンがその遺稿集『断裂したヘゲモニー』の第二巻第二章（« La dessaisie : des doubles prescriptions sans nom commun (Heidegger) »）において説明を試みている。Rainer Schürmann, *Des hégémonies brisées*, Mauvezin, TER, 1996, p. 647, etc. そこでシュールマンは、『哲学への寄与』（*Beiträge zur Philosophie*, 1936-1938）の「最後の神」の問題を正面から取り上げている。

して、これは明らかだが、「脱神話論化」という語には、ベンヤミンが一九一五年に *Verlagerung des Mythologischen*（フランス語では「神話的なものの廃位［déposition du mythologique］」と訳されている）[37] と呼んでいるところのものが凝縮されている。そこでは、「聖なるもの」をめぐるハイデガー的問題系のすべてが、そしてそれとともに、*Dichtung*［詩作］の本質と、詩人の課題あるいは任務に関する構想が、あらかじめ境界画定されているのである。

「〈詩作されるもの《ディクタメン》〉」の概念――この *dictamen* という語はフランス語において、*Dichten*［詩作する］と *dictare*［命じる、書き取らせる］との非常に近しい類縁性を決定的に喚起しつつ、ねばならないの要請をそこに鳴り響かせているが、この意味でルソーは、「（彼の）良心の啓示《ディクタメン》」[38] について語っている――をベンヤミンが構築した際、彼はそれを、周知のように、「内実」（*Gehalt*）というゲーテの概念から導出した。内実とは内容のことではなく、「内的形式」のことであって、ベンヤミンはこの形式を *Wahrheitsgehalt*［真理内実］、すなわち「真理の内実」と同一視した[39]。内実とは、〈詩作されるもの〉、すなわち、詩において固有の仕方で詩的なものの領域に属するところのもののことなのだが、それが意味するのは、詩人の課題――詩そのものから導出されるところの課題（それに、ベンヤミンが研究した詩の最初の版は「詩人の勇気」、*Dichtermut* と題されていた）――であると同時に、詩作の前提、すなわち詩が証言する世界の直観的‐精神的構造のことでもある。使命とは、*die Aufgabe* あるいは義務であり、それはふたたび、ねばならないの一形態、つまり委託することと放棄すること、与えることと返すこと

ねばならない

のあいだの *Aufgabe*［課題、任務、委託、放棄］である。使命とは、端的に、属格の二重の意味における、詩作の勇気［courage de la poésie］である。[40] 実のところ、これが詩作の超越論的図式なのであるということを示すこともできるだろう。

ベンヤミンが明確に言い表しているように、〈詩作されるもの〉は「限界概念」である。[41] 当然のことながら、それは二重の意味において限界に接している。それは、一方で、詩によってその必然的結合が表現されるところの詩の機能統一（形式と内実の関係）と限界を接し、他方で、課題という観念が含んでいるところの生、あるいは生の機能統一と限界を接している。〈詩作されるもの〉は、後者から前者への移行、すなわち生から詩への移行を確固たるものとする。したがって、〈詩作されるもの〉は

(37)［訳注］Benjamin, *G.S. II-1*, S.116；「フリードリヒ・ヘルダーリンの二つの詩作品」（『ドイツ・ロマン主義における芸術批評の概念』所収）三〇五ページ。Verlagerung はドイツ語では「転移」、「移動」を意味するが、ラクー＝ラバルトはモーリス・ド・ガンディヤックに倣い、この語に「廃位」「免職」を意味するフランス語 déposition をあてている。ライナー・ロシュリッツによる改訳版（*Walter Benjamin. Œuvres I*, Paris, Gallimard, 2000）では、「退去」ないしは「撤退」を意味する évacuation という訳語があてられている。

(38)［訳注］ジャン＝ジャック・ルソー『孤独な散歩者の夢想』、第四散歩、今野一雄訳、岩波文庫、六二ページ。

(39)［訳注］Benjamin, *G.S. II-1*, S.105；二六七―二六八ページ。

(40)［訳注］「詩作の勇気」という表現における属格の二重の意味、すなわち主格的属格と目的格的属格、あるいはその自動詞的な意味と他動詞的な意味については、本書第三章「詩作の勇気」、一九六―一九八ページに詳しい説明がある。

(41)［訳注］*G.S. II-1*, S.106；二七〇ページ。

神話的なものと無縁ではない。この意味で、例えば、ロマン主義者たちとニーチェ（そしてヘルダーリンも）が復活させた非常に古いミメーシス論を背景として、トーマス・マンは「神話における生」を語り、[42]そうすることで、要するに、範例性の倫理を言い表すことができたのである。この範例性の倫理こそが、ヘルダーリンの苦悩そのものであったように思われる。だが、神話的なものは、任意の単独の神話という意味での神話ではなく、また数々の神話の本質的統一という意味での神話でもない。それらは、神話論的なもの［le mythologique］であり、したがって、まさしく「廃位」しなければならないところのものである。反対に、神話的なものとは、数々の神話的要素の内的緊張であり、矛盾である――確かに、そのうちで、ヘルダーリンは悪戦苦闘しつづけたのだ。そして結局、神話的なものとは、神話の、あるいは神話論的なものの崩壊のことなのだ。

例の詩の二つの版（「詩人の勇気」および「愚直」）をめぐるベンヤミンの分析は、並外れて難解である。一歩一歩、それに付き随っていかなければならないだろう。数多くの註解があったにもかかわらず――そのなかには、最終的には、アドルノによる利用も含まれる――、ベンヤミンによる分析は、いまだに秘密を明かさずにいるように思われる。私はといえば、どうしたらここで、それを読み通すことができるかさえ、よく分からずにいるのだが、ベンヤミンの結論――結論なき結論――を、その謎めいた宙吊り状態のまま喚起しておくことだけはしておきたい。

〈詩作されるもの〉についての考察は、神話に行き着くことはない。そうではなく、この考察は——もっとも偉大な作品においては——、ただ、芸術作品のなかにあって、それ以上は接近して把握することのできない、非神話論的ないし非神話的な比類なき形姿として形成されている神話的結合関係に行き着くにすぎない(43)。

［この箇所の仏訳は、きわめて大雑把である。ベンヤミンは、より正確には、神話的結合がそれ以上は接近して把握することのできない形象［figure］（*Gestalt*［形姿、形態］(44)）として形を受け取ると言っているのだ〔仏訳では、*Gestalt* が structure［構造］と訳されている〕——そしてこの語がはらんでいるきわめて重大な哲学的賭金も、周知のとおりである。（筆者補足）］

(42) ［訳注］トーマス・マン「フロイトと未来」、『トーマス・マン全集』、第九巻所収、新潮社、一九七一年および『ナチ神話』（守中高明訳、松籟社、二〇〇二年、四六―四七ページ）を参照。

(43) ［訳注］Benjamin, *G.S. II-1*, S. 126；三二九ページ。

(44) ［訳注］本書ではフランス語の figure をおおむね「形象」と訳し、ドイツ語の Gestalt を「形姿」あるいは「形態」と訳した。ドイツ語には Figur という語が存在し、それと区別するために Gestalt は、フランス語ではしばしば forme などと訳されるが、ラクー＝ラバルトは一貫して figure を Gestalt の仏訳語として用いている。したがって、figure［形象］と Gestalt［形姿、形態］とのあいだに、殊更に意味論的な差異を読み取る必要はないが、figure は、「顔貌」、「人物像」を意味し、また、「比喩」ないしは「文彩」といった意味をもち、さらに語源的にはラテン語の fingere［形作る、捏造する］にさかのぼり、fiction［虚構］、feindre［見せかける］にも通じる語でもあることを指摘しておきたい。また、Gestalt の動詞形 gestalten［形作る、造型する］をさらに名詞化した Gestaltung［形成、造型］の訳語として、ラクー＝ラバルトはフランス語の configuration［構成、形態、布置］を用いているが、この語は「形象化」と訳した。

しかし、最終稿の源となったあの内的生と神話との関係を総括する言葉があるとすれば、それは、この詩よりもさらにあとの時期に属するヘルダーリンの次の言葉であろう。「数々の伝説（*die Sagen, hoi mythoi*）は大地より遠ざかり（*sich entfernen*）／……／再び人の世へと立ち戻る（*Sie kehren zu der Menschheit sich*）」(45)。

したがって、神話から遠ざかりつつ距離を取り去る［é-loignement du mythe］という法があることになるだろう――おそらく、そのような遠ざかりつつ距離を取り去ることを定言的［catégorique］(46)と形容しても、それほど奇抜ということにはならないだろう。この法のおかげで、もっとも偉大な詩においては、このような非神話論的で非神話的な形象が現れるのを垣間見ることができるだろう。お気づきのように、これは純粋な撞着語法である。というのも、定義からして、神話的ないしは神話論的なものとしてしか、*Gestalt*［形姿、形態］はないからである。あらゆる偉大な詩は、このようにして、絶対的に逆説的な形象へと向かうだろう。そのような形象はそれを担うはずのものの欠如［défaut］そのものによってのみ、自らを支えるからである。私は、ねばならないの論理に従って、このことを神話の失墜［défaillance du mythe］と呼ぶことにしたい。

このような神話の失墜――それはしたがって、詩におけるねばならないの、つまり〈詩作されるもの〉に、まさしくぴったり適合したものなのだが――を、ベンヤミンが、何行か前、「結論部」の冒頭において「冷醒さ」へと関連づけていたとしても、それは偶然ではない。この *heilige Nüchternheit*［聖なる冷醒さ」の *heilig*［聖なる］は、おそらく、ハイデガーが是が非でもそこに聴き取ろうとした「聖なるもの」だけを意味するのではないだろう。たとえ、それが西洋《ヘスペリア》に固有なもの、つまり、オイディプスに倣って「聖なる仕方で、裏切り者のように(47)」顔をそむけ、引き返した、近代の人間と芸術の運命を定義しているだけだとしても、である。ヘルダーリンが固有なものあるいは国民本然《ナツィオネル》のものと呼んでいたものについて、ベンヤミンが提起した解釈が、こうして明らかになる。彼の解釈は、思うに、ハイデガーがそれについて言いえたことのはるか彼方にまで達しているのである。

この詩を特徴づけるのに「冷醒さ」という言葉がふさわしいと思えることが、これまでの考察のなかで何度もあったが、この言葉は意図的に回避されてきた。というのも、ヘルダーリンの用いる「聖なるまでに冷醒な」という形容は、理解がはっきりとなったいまこそ持ち出すべきだと思われるからである。よく言われているように、この言葉には後期ヘルダーリンの諸々

（45）［訳注］*G.S. II-1, S.* 126：三三〇ページ。引用中の *die Sagen, boi muthoi*［伝説、神話、ともに複数形］はラクー＝ラバルトの加筆。また、ヘルダーリンの詩は「秋」と題された一八三七年の作とされるもの（*S.A. Bd. 2-1*, S. 284：『ヘルダーリン全集』、第二巻、三三五ページ）。

（46）［訳注］「定言的」という語は、「定言的転換［kategorische Umkehr］」の意味で理解されたい。本章冒頭で、ラクー＝ラバルトがヘルダーリンの「『オイディプス』への註解」を引き合いに出しつつ説明した箇所を参照されたい。

（47）［訳注］本章訳注7参照。

の創作の傾向が込められている。後期ヘルダーリンの創作は、ある内的確信をもって特有の精神的生のただなかに身を置くのであり、この言葉はそのような内的確信から発せられたものなのである。そしてこの精神的生は、それ自体において神聖であり、崇高におけるいっさいの高みの彼方に（*jenseits aller Erhebung im Erhabnen*）あり、だからこそ、そこでは「冷醒さ」ということが許され、また必要とされてもいるのだ。一体この生は、なおもギリシア的精神の生といえるのだろうか？　まったくそうではない。それは、純粋な芸術作品の生が、そもそも何か一民族の生などではありえず、また何らかの個人の生でもなく、〈詩作されるもの〉のなかに見出される固有の生以外の何ものでもないのと同様である。(48)

この種の主張のおかげで、アドルノは（そして彼に続く他の者たちは）、間違いなく、ひどく民族主義的なハイデガーの変奏を疑問視できたのである。その変奏とは、数々の詩の内容に関して、「祖国」を「植民地」の真理とみなす（もしくは「帰還」を「亡命」の真理とみなす）ような変奏である。あるいはハイデガーによる「追想」の解釈全体が、そこで述べられていることの流れを逆向きにすることに専心しているのだが（ボルドーからニュルティンゲンへ、そしてニュルティンゲンからインダスへという、自らの源泉へと遡る河流の主題系(49)）、ガロンヌ川は、満潮時には逆向きに流れることがあるとしても、「北東風」あるいは貿易風のもとで、西インド諸島（風下諸島(50)）へと向かう航海を約束しているのだ。これをヘルダーリンは、より簡潔に、*zu Indiern*、すなわちインディアンたちのもとに、と述べている（他の多くの点についてもそうなのだが、この点については特に、ジャン＝ピエール・ルフェーヴルの論証が完璧なまでの説得力をもっている）。

しかしベンヤミンの主張は、別の射程もはらんでいる。それは「具体的対象」の領域を越えて、しかも、理想性をめざす単なるシラー的な上昇としての崇高の領域をも越え出ようとする。言い換えれば、彼の主張が「冷醒さ」を「内的確信」へと関係づけるとき、それはまったく別の単純さ（それは有限性の裸出でさえあるだろう）へと合図を送っているのだ。その「内的確信」をもって、ヘルダーリンの詩は、「その精神的生のただなかに身を置く」。そして彼が述べるには、この生は、〈詩作されねばならない

（48）［訳注］*G.S. II-1, S.* 125-126；三二八ページ。

（49）［訳注］ハイデガーは講演「追想」において、一貫して、この詩のなかの基本的な流れを東向きに、つまり「ギリシア」から「インド」へと遡る東への遡行の向きに設定している。例えば、「追想が想い返すことであるにせよ、それはインド人やギリシア人たちの河流に想いを向けている」（*Ga. Bd. 4, S.* 83；『ハイデガー全集』、第四巻、一一九ページ）。また、源泉に遡行する河流について、ハイデガーは講演の冒頭でこうも述べている。「岩のあいだの源泉に近い上流ではドナウ川は躊躇いながら流れる。ドナウ川の黒ずんだ水は時には流れをとめ、さらには渦を巻いて逆に奔流もする。あたかも、根源に向かって逆流する流れは、大河が異郷の海に流れ入る場から来たかのように。」（S. 79；一〇九ページ）

（50）［訳注］「北東風」は、ヘルダーリンの「追想」の最初の詩句の言葉。「北東風が吹く［Der Nordost wehet］」。また、「風下諸島」と訳したのは、les Îles sous le Vent、直訳すれば「風下の島々」である。仏領ポリネシアのソシエテ諸島西部の島々が「スー・ル・ヴァン諸島」と呼ばれるが、ここでラクー＝ラバルトが指しているのは、むしろカリブ海の les Îls du Vent［風の島々、小アンティル諸島北部のこと］である。ちなみに英語では、ともに Leeward Islands［風下の島々］である。

もの〉に「固有の生以外の何ものでもない」のである。
ここでついに、神話の失墜の地点にまで到達する。これを私は、詩の事象［chose］――それはまた、詩の大義［cause］でもあるのだが――と呼ぶことを提唱したい(51)。この事象に関して、私は、次の一節ほどの厳密な冷醒さをもった象徴的な定式を知らない。それはまたもや、ベーレンドルフ宛ての最初の書簡に見出される定式であり、そこでヘルダーリンは、近代の悲劇的なものとして彼が理解しているところのものを説明しようとする。

なぜなら、我々において悲劇的なのは、我々がまったくおとなしく、何らかの容れもの（*Behälter*）のなかへ詰め込まれて、生に満ちた者たちの国から立ち去るということであって、我々が抑えることのできなかった焔に焼き尽くされ、その贖いをするということではないのだから(52)。

事象とは、このようなものである。つまりそれは、コンテナとは言わないまでも、何らかの容れもの、「容器《コントゥナン》」なのである。だがしかし、それでもやはり……(53)。ここに、「思考しえぬもののもとでの彷徨(54)」という近代の運命の形式において、ヘルダーリンのエクリチュールが、そして〈詩作されるもの〉に対する彼の応答が、運命づけられるだろう。事象を述べねばならない。固有なものと近しいものの深淵を。
最後に、このことについて簡単に触れておきたい。

神話の失墜の地点は、多分それ以外により良い言い方がないために、私が脱‐形象化〔dé-figuration〕と呼ぶことになるところのものの、まさにその場所に位置づけられる。このことを見てとるのは、さほど困難なことではない。あるいはそれを敢えて、*Entgestaltung*〔脱形態化〕と翻訳しておきたい。脱‐形象化ということで私が言おうとしているのは、形象の破壊あるいは分解のあらゆる形式、さらに単純化して言えば、形象の希薄化、消失あるいは放棄のことであり、それは、私が、まずもって字義化〔littéralisation〕の徴しのもとに位置づけておいたところのものである。しかし当然のことながら、

（51）〔訳注〕chose は「物」「事象」（とりわけ裁判用語で）「事項」を意味し、その同語源の借用語形が cause である。cause は「理由」「原因」「大義」「訴訟」「事件」など多様な語義で用いられる。ともに便宜的に「事象」「大義」という訳語をあてた。デリダやラクー＝ラバルトがしばしば参照するこの「物」と「訴訟」の語源的連関を最初に指摘したのはおそらくハイデガーである。ハイデガー「物」をめぐる講演（『ブレーメン講演とフライブルク講演』所収）を参照のこと（*Ga. Bd. 79, S.* 14；一九ページ）。

（52）〔訳注〕Hölderlin, *SA. Bd. 6-1, S.* 426；『ヘルダーリン全集』、第四巻、四六五ページ。

（53）〔訳注〕フランス語の chose〔事象、物、事項〕と cause〔原因、大義、訴訟、事由〕は、「升目」「小屋」を意味する case と語源的に通じており、この連関から、ラクー＝ラバルトは詩の事象〔chose〕を箱、容器、コンテナに結び付けている。我々が「何らかの容れもの」あるいは「コンテナ」に「押し込まれて運ばれる」、という引用からは、ヘルダーリンがボルドーで目の当たりにした奴隷貿易の歴史的事実と、さらに言えば現代における「収容所」の事実が連想される。

（54）〔訳注〕*SA. Bd.* 5, *S.* 266；『ヘルダーリン全集』、第四巻、五七ページ。

脱‐形象化は形象の禁圧でもなければ、ましてや止揚（*Aufhebung*）でもない。事象を名づけることは、観念、概念あるいは本質を越え出ることではない——また、「現実的なもの」や「具体的なもの」の名において、それらの虚しさを宣告することでもない。むしろ、それらを再標記する［remarquer］こと、しかしその窪みにおいて、あるいはその陰画《ネガ》において——この語の写真的な意味において、とジャン＝ピエール・ルフェーヴルなら言うだろう——再標記することなのである。「追想」のなかの例にとどまるならば、ヘルダーリンが*Steg*［小橋、桟橋、小径］と言うとき、それを*Weg*［道］あるいは*Pfad*［小径］の意味で解することもできるだろう。そうしたのはハイデガーであり、道についてのイメージ（それはイメージではないのだろうが）に加えられた莫大な哲学的‐詩的荷重を、彼はいささかも軽減しなかった。しかし、おそらく、*Steg*は、もっとも明確なかたちで断念された、*Weg*への絶望的な暗示として理解した方が良いであろう——しかしそこでの*Weg*は、当然、なおも形象として、しかしそれ以後、傷つき、崩壊しつつある形象として読まれるであろう。*Weg*はそのような形象だったのであり、おそらくヘルダーリンがこの語に最後の別れの合図を送ろうとしたまさにその瞬間に、そのような形象として留まっているのだろう。冒頭から私が引き合いに出してきた語彙を執拗にもちだすことをお許しいただきたいのだが、脱‐形象化とは、形象の失墜そのもの、そのねばならないの、もっとも純粋な肯定である。別の言い方をすれば、脱‐形象化とは、形象の退去［retrait］のことである。[55] ヘルダーリンにとって、神的なものの退去が、神ないしは神々の死を意味しないのと同様、脱‐形象化は、形象の消失を意味しない。それは形象が、以後、不可能性ゆえに不在のものとなり、それとともに抹消不可能な痕跡が残されることを言うのである。

ヘルダーリンは、悲劇についての、彼に言わせれば形式的もしくは構造的な構想を洗練させ、「句切り［césure］」という主要概念を導入した際に、フランス語の *transport*［激情］も用いたが、(56) 脱‐形象化は、この *transport* の次元に属するものを、ことごとく触発《アフェクテ》し蝕む。それは、隠喩的《メタ・フォリック》なものと同時に形而‐上学的《メタ・フィジック》なもの、すなわち「神話創出《ミュトポイエーシス》」と思弁的なものの次元に属するものを、ことごとく蝕む。あるいはさらに、別の可能なかたちで定式化するならば、それは、名と概念の次元に属するものを、ことごとく蝕むのである。

神話について言えば、少なくともヘルダーリンにとって、形象とはまずもって名のことであった。すでに引用したアドルノの定式「〈絶対的なもの〉に**欠けている**名を、概念の彼方へともたらすこと」は、この意味で明確な指示を与えてくれる。しかしながらアドルノは、ヘルダーリンにおいて名と概念とが十分に区別されていないことを指摘した最初の人物でもある。彼は、「パトモス」から、「世界

(55)［訳注］retrait の論理については、「詩、哲学、政治」の注37を参照のこと。

(56)［訳注］「言い換えれば、悲劇的な *transport*［激情］は、本来意味をもたないものであり、およそいかなる制約下にもないものなのである。それゆえ、そのうちで悲劇的な *transport* が呈示されるところの律動的な表象の相互継起のなかに、韻律法において句切り［Cäsur］と呼ばれているもの、純粋な言葉、すなわち対抗律動的な中断が必要となる。そしてそれが、引き裂き拉し去る諸表象の交代の絶頂において、諸表象の交代に対峙し、それ以後、もはや表象の交代ではなく、表象そのものが現れることになるのである」（*S.A. Bd.* 5, *S.* 196 ;『ヘルダーリン全集』、第四巻、四八ページ）。

の怒りは概念を欠き、名を欠いているがゆえに[57]」という詩句を抜き出してくる。名は概念にあてはまる。少なくともそれが、絶対者の送付に署名する有限な契機の概念という意味でヘーゲル的に理解された、*Gestalt*［形態、形姿］にあてはまるという限りにおいて。しかし、『精神現象学』において、*Gestalt* は、固有の意味では名をもつことがなく、概念的なままとどまっている。自己確信、主人と奴隷、不幸な意識、等々。アンティゴネーも登場するが、彼女さえも、ひとつの形象、すなわち *Sittlichkeit*［人倫性］の形象の名をなしているわけではない。そのうえ、啓示宗教に関しても、キリストは名指されていない。それゆえに名は、まさしく概念の（神話的な）彼岸を目指しているということになるだろう。この彼岸を言い表すために、アドルノは、弁証法の用語を用いて「非概念的綜合」を語るのである。そして、周知のように、この表現によって「偉大な音楽」の定義が与えられる。それは「ヘルダーリンの後期の詩の原像である。ちょうど、歌についてのヘルダーリン的な理念が厳密に音楽に当てはまるように[58]」。アドルノは、明らかにベートーヴェンを念頭においているのであり、このことは、彼が説明として付け加える次の言葉から、はっきり見てとることができる。「解き放たれ発露した自然は、もはや自らに加えられた支配に呪縛されず、まさしく自らを超越する」。ところで、このような「非概念的綜合」は、名にも関係している。ここで想い起こされるのは、『幻想曲風に』の冒頭に収められた「音楽と言語の諸関係をめぐる断片」の一節である。そこでアドルノは、要するに、音楽を、ベンヤミンが「純粋言語」と呼んでいたところのものの等価物と見なしている。

音楽は、意味する言語とはまったくタイプを異にしている。ここに、音楽の神学的な側面が存している。音楽において言われたことは、現出したものとして規定されていると同時に包み隠されている。音楽は、神的な名の形姿をその理念とする。それは、脱神話論化され、効果の魔術から解き放たれた祈りであり、意義を伝達するのでなく、その代わりに名そのものを名づけるという――どれほど虚しいものであっても――人間的な試みである。[59]

とはいえ、アドルノの指摘によれば、「詩においては、音楽と反対に、非概念的綜合は媒質に背をむける」。つまり、非概念的綜合は、概念的綜合の可能性であると同時に要素であるところの言語に、背をむけるのである。その結果、詩においては、言語があるという事実そのものによって、非概念的綜合が、アドルノの言うところの「構成的解体」になる。音楽のみが目指すことのできるもの、すなわち純粋な名を目指すがゆえに、詩は換骨奪胎されるのであり、そのことによって、統辞法《シンタクス》そのものの彼方において（つまり、アドルノが後期ヘルダーリンの並列法《パラタクシス》的文体として分析するところのものの彼方において）、命名そのものが蝕まれるのである。統辞法《シンタクス》の解消が、ギリシアの韻律法の置き移しに

（57）［訳注］Adorno, "Parataxis", S. 481；一九二ページ。ヘルダーリンの引用は、「パトモス」最終版への草案より。Hölderlin, *SA. Bd. 2-1*, S. 186.

（58）［訳注］Adorno, "Parataxis", S. 471；一八五―一八六ページ。

（59）［訳注］Adorno, *Gesammelte Schriften. Band 16. Musikalische Schriften I-III*, S. 252.

よって強調されるのと同様に、そこには、「名の解消」が――さらには、突き詰めれば「名からの断絶」が――あるのだ。アドルノは、ヘルダーリンとヘーゲルの最大の差異を示しつつ、有無を言わさぬ正確さで、次のように指摘する。

> 彼［ヘルダーリン］が覆い隠さず、また彼の作品をアレゴリー的屈折の痕跡のように貫く、名と絶対的なものとの差異は、魂に神的な正しさが生じることがなかった虚偽の生を批判するための、媒質《メディウム》となる。[60]

ハイデガーが思い込もうとしたのと反対に、名は、ヘルダーリンにおいては、もはや名づけることをしない。それは、名づけることの、失われ傷つけられた可能性を喚起する――あるいは合図を送る［signaler］。ボードレールがパリに捧げた、それももっとも荒々しく近代的なパリに捧げた数々の詩のなかでももっとも偉大なものは、こう始まる。「アンドロマケーよ、私はあなたを思う！[61]」しかしそれは、囚われたアンドロマケーという神話的エピソードへの正確な暗示でもある。「追想」における脱‐命名（*Entnennung*）は、さらに根本的である。地名（ボルドー、ガロンヌ、ドルドーニュ）とインディアンの民族と地誌についての言及を除いて、詩は、ベラルミンというただひとつの固有名を含むのみであり、しかもその名は誰をも指し示さず（たしかにそれは、ヒューペリオンの語らない文通相手なのだが）、また、それは何をも意味しない（たしかにそれは、ジャン＝ピエール・ルフェーヴルが仮定するように、*bello Arminius*［良きアルミニウス］[62]、すなわちある種のゲルマン的 *kaloskagathos*［善美者］である)。名が灰燼と化す。たしかに形象、*Gestalt*［形姿、形態］は、現にそこにある。しかしそれは、名から永久に退去した、あるいはそこから切除された秘密として、自らを呈示する（*stellt sich dar*）。空虚な命名のように。数年ののち、ヘルダーリンはスカルダネリと署名することになる。

このような理由から、話題を元に戻せば、散文性について語ることができる。といっても、そこでの散文性とは、アドルノが述べたような「観念詩にも自伝詩にも通約不可能な」エクリチュール（偽りの弱々しい主観的ジャンルとしての抒情性には通約不可能なエクリチュール）のみならず、讃歌に別れを告げ、そこから立ち去ることを余儀なくされたエクリチュールのことである——ここでもまた命法が問題になっている。『地獄の一季節』のランボーのように「別れ［Adieu］」[63] と言わねばならない

(60)［訳注］Adorno, “Parataxis”, S. 463；一八〇ページ。

(61)［訳注］シャルル・ボードレール『悪の華』「白鳥［Le Cygne］」冒頭の言葉。ちなみにラクー＝ラバルトは、クリスティーヌ・ボーディヨンとの合作フィルム *Andenken* において、ボードレールの「白鳥」を念頭におきつつ、Andenken［追想］を Je pense à vous［私はあなたを思う］と訳している。Cf. *Andenken*, film de Christine Baudillon et Philippe Lacoue-Labarthe, Hors-œil éditions, 2000.

(62)［訳注］アルミニウスは前一七年頃—後二〇年頃のゲルマン系部族の長、トイトブルクの森でローマ軍を破ったとされる。

(63)［訳注］adieu は、フランス語では、「別離」と「別れの言葉」を意味する名詞であると同時に、長期的な別れを告げる際の挨拶の間投詞（「さらば！」）でもある。なお、ランボーの「別れ［Adieu］」は、『地獄の一季節』（一八七三年）に収められた最後の作品の表題である。「ねばならない」の命法と散文性との関連につい

──このフランス語は、さまざまな仕方で理解することができるのだが、それを貫いて鳴り響いているのは、ドイツ語のかくも美しい単語、*Abschied*〔別離、いとまごい、解任、免職〕である。

アドルノは、ヘルダーリンの後期讃歌に言及しながらこう述べる。「彼の後期讃歌によってその理念の布置が形成されるところの純粋言語は、聖なるテクストにも類似した散文であろう(64)」。「聖なるテクスト」というここでの表現が最後まで適切であるか否かは定かでない。たとえ、ベンヤミンに従えば「純粋言語」が何も伝達せず、実際に、そこに言語があるという事実として、それ自身をそれ自身に伝達する言語──そこでは〈神〉が名づけを欠いたまま〔à défaut〕言い表されている──だとしてもである。しかし、「散文」という語は、絶対的に適切である。この語は、ハイデガーによる〈詩作されるもの〉の神聖化が、そのうえで躓くがゆえに、よりいっそう適切なのであると言っておきたい。我々は、いまだに「追想」の「褐色の女」をめぐる場面を注釈しているのである。ハイデガーは、*Die braunen Frauen daselbst*──それは文字通りには「まさにそこにいる褐色の女」、より一般的に翻訳すれば「当地の褐色の女たち」である──の詩句を読み、こう注釈している。

遠ざかって現前しながら近いところで距離をたもつために、詩人は当地で（*daselbst*）という語を述べるが、この語は、今日の耳からすると硬い感じの、行政用語や商業用語に似かよった響きをもつ。しかし挨拶＝言伝すること〔Grüßen〕の詩作的性質がこの詩節全体の情調を端的にまとめているので、「散文的なもの」を思わせる響きは、いずれも消え去っている。しかもとり

ねばならない

わけ、この時期に、詩人は、一見して詩作的でない、奇異な言葉にもほとんどたじろがず、むしろことさらに、そのような言葉に耳を傾ける。不可視のものは、それが純粋に本質化せねばならないがゆえに、よりいっそう断固として、名づける言葉が奇異な形像のなかに逃れ入るのを要請するということを、詩人は心得ている。(65)

誇張ぬきで、次のように言えよう。ハイデガー的な注釈のあらゆる語彙と統辞論的資源が、それほどまでに、この数行に、範例的なかたちで凝縮しているのだ、と。「散文的なもの」の否認と形像《イメージ》（*Bild*）の救済は、ある種の *Rettung*〔救出〕によって——それはベンヤミンの *Rettung* とはまったく無関係である(66)——、彼の言うところのヘルダーリン的教説の聖なる（神話的な）性質を救うための、もっとも確

て付言しておくならば、「別れ」の末尾近くで、ランボーが「絶対に現代的でなければならない〔il faut être absolument moderne〕」と記していることが注目される。

(64)〔訳注〕Adorno, "Parataxis", S. 470；一八五ページ。

(65)〔訳注〕Heidegger, *Ga. Bd. 4*, S. 108；一四九ページ。

(66)〔訳注〕「救出〔Rettung〕」の概念に関して、ラクー＝ラバルトは『虚構の音楽』において次のように注記している。「作品を〝救出する（retten）〟という意図は、すでにベンヤミンのなかに、とくに『ドイツ悲劇の根源』のなかに見出すことができる批評のモチーフである。救出（Rettung）とは、作品を「痛めつける」ことによって、作品の廃墟から〝知の対象〟である第二の美を引き出すことなのだ。救出するとは、このように作品の真理内容（Wahrheitgehalt）に近づくことである。アドルノはこの概念を〝問題をはらんだ〟作品、つまり〝虚偽意識〟の成功した表現であるような作品に適用したのである」。Ph. Lacoue-Labarthe, *Musica ficta*, p. 224；『虚構の音楽』谷口博史訳、未來社、一九九六年、二三六—二三七ページ。

実な、多分唯一の手段なのである。*Dichtung*〔詩作〕は、散文の絶対的反対物である——断固として、そのようなものであろうとする。それによって、通常考えられている以上に、弁証法はしぶとくもちこたえるのである。

しかし「散文」はむしろ、「冷醒さ」の別名として理解されねばならない。ベンヤミンによれば、ロマン主義者たちが素描した芸術哲学は、「〈詩《ポエジー》〉の〈理念〉は散文である」[67]との着想において頂点に達する（例えば、「詩は諸芸術のうちにおける散文である」[68]と述べたノヴァーリスにおいて）。彼は、それを説明するために、ロマン主義の芸術批評概念についての博士論文の末尾において二つの条件を提示する。まずは哲学そのもののうちに、ロマン主義の硬い核とその文学理論の根拠を認めることができなければならない。しかしまた、ロマン主義のもっとも秘められた中心がロマン主義のうちにはないということ、あるいはお望みとあれば、ロマン主義はそれ自身のうちに中心を持たないということを、見てとることができなければならない。そして彼は、こんどはさらに驚嘆すべき言葉を記している。

この観点から見るとき、広義のロマン主義サークルのなかに——その中心そのものへ、とは言わないまでも——、ひとつの精神が仲間入りしてくる。この精神は、単に語の近代的な意味で詩人と評価するだけでは（この詩人というものがどれほど高く評価されねばならないとしても）把握することができないし、また、この精神がロマン派に対してもつ観念史的な関係は、この精神とロマン派との特別な哲学的一致が顧みられずにいるならば、いつまでも不明瞭なままにとどまる。この精神とはヘルダーリンにほかならず、そして彼とロマン主義者たちとの哲学的な関係をうち立てているテーゼとは、芸術の冷醒さという命題である。この命題は、ロマン主義の芸術哲学の本質的にまったく新しい根本思想、そして今なお見極めがたく影響を与えている根本思想であって、西洋の芸術哲学におけるおそらくもっとも偉大なエポックが、この命題によって特徴づけられるのである。(69)

しかも、もう少し先で、ベンヤミンは、「フリードリヒ・シュレーゲルとノヴァーリスの、明解さは欠くが同じ狙いをもった文章を理解する準備のために」、〔ヘルダーリンの〕『註解』の冒頭、古代人たちの巧みな技《メカネー》と、「我々においても同様」の諸規則の必要な計算に関する一節を、長々と引用するのである。(70) いくぶん自明のこととはいえ、ヘルダーリンに従えば、計算は、「量的で機械的な、いわば数学的な様態で」理解されてはならないと示唆するだけでは、おそらく十分ではないだろう。それはハイデガーが『根拠律』において行なっていることだ。(71) まさしく、計算が問題になっているのだと、なおも

(67) 〔訳注〕Benjamin, *G.S. I-1*, S.100-101；『ドイツ・ロマン主義における芸術批評の概念』、二一二ページ。
(68) 〔訳注〕*G.S. I-1*, S.102；二一五ページにおいてベンヤミンが引用している言葉。
(69) 〔訳注〕*G.S. I-1*, S.103；二一八—二一九ページ。
(70) 〔訳注〕*G.S. I-1*, S.104；二二三—二二四ページ。ヘルダーリンの引用は、「『オイディプス』への註解」から。*S.A, Bd. 5*, S.195；『ヘルダーリン全集』、第四巻、四七—四八ページ。

考えねばならない。そしてこのような計算が、冷醒さそのものの条件だということを、なおも考えねばならない……。

「追想」は、散文としての詩作の——欠損した［en défaut］——真理に即して、このように計算されていたのだと考えることができる、というよりも、そう考えねばならない。冷醒な詩である「追想」は、詩作の失墜そのものを、つまり書くことの要請、すなわちねばならないに応答するまさにそのものを述べているだろう。「追想」は、あれほど多くの注釈が謎を取り除くことに成功しなかったあの末尾の詩句において、それを述べているだろう。*Was bleibet aber, stiften die Dichter.*「しかし留まるものを、詩人たちは基礎づける［fonder］あるいはむしろ、そう思われるのだが、創設する［instituer］のである。これについては、なおも考察を続けなければ……。

（71）［訳注］ハイデガーは『根拠律』の講義部第十三時限において、ratio という語を「計算［Kalkül］」と翻訳したうえで、計算に「数学的計算」とは別の、より広い意味での「計算」があることを論証しようとする。そこで彼は、ヘルダーリンの『『アンティゴネー』のための註解』と『『オイディプス』のための註解』の冒頭部を引き合いに出しつつ、ヘルダーリンの言うところの「平衡」なるものが、量的‐機械的［quantitativ-mechanisch］、つまり数学的［mathematisch］に理解されるべきものではなく、「芸術作品に固有な均衡とバランスに属する」、あるいは「悲劇的演出＝呈示法に属する」平衡であるとしている。Heidegger, *Ga. Bd. 10*, S. 154-155；『根拠律』、辻村公一＋ハルムート・ブフナー訳、創文社、一九六二年、二〇四—二〇五ページ。

詩作の勇気*

本講演は、ペロケ講演［Conférences du Perroquet］の一環としてアラン・バディウの招きで、一九九三年六月二十三日にパリの作家会館《メゾン・デ・ゼクリヴァン》にて行なわれた。講演は、次のような概要報告によって予告されていた。

「哲学が詩《ポエジー》に語りかけるとき、哲学はひとつの責任を引き受ける――そのうえ、哲学はそのことを要求する。哲学が言うには、哲学は、詩自身がそれによって権威づけられていると思いなしてきた応答責任に対して、応答するのである。

きわだった例として、ハイデガーは、ヘルダーリンに応答責任をもつべく、ヘルダーリンに応答する。彼の考えでは、そこで問題になっているのは、そのものとしての勇気であり、それは〈歴史〉の勇気であった。

これから示されることになるのは、このような企図が、神学‐政治的な企図だということである。それはおそるべき企図である。なぜなら、その企図は、ファシズムを深刻化し、ファシズムの真理を突きとめることを切望するからである。そのような企図に単純に対置させるというのではない仕方で、神学‐詩作的な企図を、ここでは切開してみたい。ベンヤミンの企図を、である。彼は、神学的なものをその失墜の形象において認識し、詩――私たちはそこからやって来たのだが――を、私たちが現にそこにいるところの散文へと注ぎ込んだという、測り知れない功績をもっていることになるだろう」。

このテクストの最初の版は、『ペロケ講演録』の第三九号（一九九三年六月）に発表された。

一九三三—一九三四年という猛り狂った積極行動の短い時期を経たのちの、ハイデガーの政治的教説のすべては、本質的に、詩作をめぐる——とりわけヘルダーリンをめぐる——彼の言説のうちに探し求めるべきである。このことは、我々が作りあげた話では決してなく、ハイデガー自身が述べていることである。

一九三四—一九三五年冬学期の講義、『ヘルダーリンの讃歌、「ゲルマニア」と「ライン」』——それは総長辞任後、最初に、あるいはほぼ最初に行なわれた講義であった——の移行部において、「講義の

＊ ［訳注］原語は Le courage de la poésie であり、前置詞の de には、いわゆる「二重の属格」の二重性が込められており、それによって courage［勇気］と poésie［詩作］の関係の二重性が言い表されている。本書一九六—一九八ページでのラクー＝ラバルトの説明によれば、その二重性とは、一方で、詩作それ自身のための詩作の純粋に自動詞的な機能、他方で、詩作が世界の危険と対峙する際の、他動詞的（預言的あるいは天使的）な機能のあいだの二重性である。日本語の格助詞「の」には、この二重性を表現する機能が存在しないが、ほかに解決策がないため便宜的に「詩作の勇気」という訳をあてた。

課題」（*die Aufgabe der Vorlesung*）を振り返っておくための次のような文章を読むことができるが、そこで述べられていることは完璧なまでに明瞭である。

本講義の目的は、あくまでも、まずもう一度詩作というものに対する空間と場所とを我々の歴史的現存在のうちに作り出すことにある。それは我々が現実の詩作の威力圏（*Machtbereich*）のうちへと自ら入って行って、その現実性を我々に空け開くという仕方でのみ生起しうる。そのためにヘルダーリンの詩作が選ばれたのはなぜか。この選択は、眼前にある詩人たちのなかから任意に選び出されたというものでは決してない。この選択は歴史的決断である。この決断の本質的根拠を三つ挙げておきたい。第一に、ヘルダーリンが詩人の詩人であり、詩作の詩人であること。第二に、ヘルダーリンがそれと同時にドイツ人の詩人であること。そして第三に、ドイツ人の詩人としての詩人の詩人であるヘルダーリンが、このように包み隠されて困難な状態にあるために、我々の民族の歴史において力となっていないこと、である。そして彼がまだそうなっていないがゆえに、彼をそのようなものとしなければならない。このことに参与するのは、もっとも高次の、本来的な意味での「政治」であって、それゆえに、ここで何かを成し遂げる者は、「政治的なもの」について語る必要はないのである。(1)

（付随的な指摘。お気づきのことと思われるが、ここで「平明な言葉で」伝送されているメッセージは、ほぼ二年後のローマでの講演「ヘルダーリンと詩作の本質」において、きわめて巧妙であると同時に、きわめて見え透いた仕方で、とりわけ「ドイツ人」というシニフィアンを削除することによって、つとめて暗号化されることになる。実のところあたかも外国で、といっても「同盟国」の地で、ハイデガーが自らの作品の未来の受容を、とりわけフランスにおける受容を、ひそかに準備していたかのようである。そして皆さんもご存知のように、実際に、この講演は一九三八年にコルバンによって翻訳され、数々の帰結――そこにはフランスの詩作への影響も含まれる――をもたらしたのである。(2) しかしそれはまた別の問題である)。

「〝政治的なもの〟について語る必要はない」と述べられていたが、これに対して、この種の「もっとも高次の、本来的な意味での〝政治〟」の要求は（政治という語が、このような場合でも、つねに括弧に入れられているということを指摘しておかねばならない）、その明白な「国民=民族主義《ナショナリズム》」を越えたところで、正確な意味で神学-政治的なもの［le théologico-politique］の形態をとる。このことを、もちろんハイデガーは一度として述べなかったのだが――彼はそれをきわめて毅然と拒否さえしただろう

（1）［訳注］Heidegger, *Ga. Bd. 39*, S. 213-214；二三九―二四〇ページ。

（2）［訳注］« Hölderlin et l'essence de la poésie », in *Qu'est-ce que la métaphysique ?*, tr. Henry Corbin, Paris, Gallimard, 1938. フランスにおけるハイデガーの本格的受容の発端となったアンリ・コルバンによるこの翻訳には、表題にもなっている講演「形而上学とは何か」のほかに、「ヘルダーリンと詩作の本質」、「根拠の本質について」、『存在と時間』と『カントと形而上学の問題』からの抄訳が付され、またハイデガー自身による仏訳への序文も寄せられている。Cf. « Prologue de l'auteur », in *Questions I et II*, Paris, Gallimard, 1990.

――、しかし、かろうじて幾人かの例外を別として、そのことに真に気づいた者もいなかった。にもかかわらず、事態はやはり明瞭である。

もっとも直接的に与えられた例を、ひとつだけとりあげておこう。同じ講義のなかに、「準備的所見」というくだりがある。おそらくそれは（ずっと）あとになって書かれたものであり――といってもそのことは確実ではないし、またそれほど興味深い事実でもない――、簡潔にも「ヘルダーリン」とだけ題されている。

引用しておこう。

彼のことは、なお長く秘せられたままにしておかねばならない。ことに昨今のように、彼に対する「関心」が高まり、「文学史」が新しい「テーマ」を探しているようなときには。いまや、「ヘルダーリンと彼の神々」について書かれたりもしている。これはおそらく、もっとも極端な誤解であって、この誤解のためにドイツ人の前にようやく迫り来ようとしているこの詩人は、いまこそようやく彼を「正当に」扱うのだという見せかけのもとに、永久に作用圏の外に追い払われてしまうのだ。あたかも彼の作品がそうされることを必要としているかのようであるが、とりわけそれを行なっているのは、今日徘徊している悪しき審判者たちである。ヘルダーリンは「歴史学的」に解され、そのため、いまだ自らの時-空間をもたない彼の作品が我々の歴史学的な騒ぎ立てを既に克服して（*überwunden*）おり、もうひとつ別の〈歴史〉の始源を根拠づけて（*gründen*）いるという、あの唯一の本質的なことが見落とされているのだ。この別の歴史とは、神の到来と遁走の決定をめぐる闘争（*Kampf*）から始まる歴史のことである。[3]

（ここで、第二の付随的な指摘をお許しいただきたい。この覚書がどの時期に執筆されたものであるにせよ――とにかく覚書は、それまでに準備され、また必要とされていた講義の刊行を、きわめて強い負荷を帯びた語彙において認可しているのであり、一九三四年の講義とのあいだに、完璧なまでの響きあいを保っていた――、確実に言えるのは次のことである。すなわち、一九六六年に『シュピーゲル』誌の編集部に与えられた遺言のような対談に到るまで、ハイデガーは、国民社会主義からの「退去」の瞬間から彼が発し始めた言説を、実際に、なにひとつ変更することがないのである。参考までに、一九六六年の言明を想い起こしておきたい。「かろうじてただ神のようなものだけが、我々を救いうるのです。我々に唯一残されているのは、神の出現のための、あるいは我々の没落期におけるこの神の不在のための一種の心構えを、思索と詩作において準備するという可能性なのです。我々は不在の神に直面して没落しているのです[4]」。時代遅れな没落のパトス、あるいはお望みとあれば、ニヒリズムの憑依については、触れないでおこう。それでもやはり、この種の命題のうちには、神学‐政治的な

（3）［訳注］*Ga. Bd. 39*, S.1；三ページ。
（4）［訳注］*Ga. Bd. 16*, S.671；「シュピーゲル対談」、『形而上学入門』所収、三八九ページ。

ものと名づけても誇張にはならないと思われるものが、確かに見出されるのである。この神学‐政治的なものは、ハイデガーに、とりわけ執拗について離れないことになるだろう。そして、「現実の国民社会主義」が、彼の眼には「政治」でしかなかったとすれば、それは、現実の国民社会主義が、単にポリスの本来的な意味（存在《ザイン》の現《ダー》＝そことして考えられたポリス）を欠いていたからではなく、それが神学をも欠いていたからであるのだ。つまり、それが欠いていたのは、すでにご理解いただけたであろうが、芸術の本質の概念と「もうひとつ別の歴史の始源を根拠づける」唯一のチャンスについての概念であった。）

ここでは、ハイデガーが神学とのあいだに保っている複雑で巧妙な関係についての考察には手をつけないでおきたい。最終的に、彼は、この語を斥けることがなかったからである。この神学という語を、私は、もっとも単純な意味において、すなわち神的なものについての言説という意味において考えている。事態をまったくもって明瞭にするために、この点について多分もっともあからさまに語っているテクストを引用しておきたい。それは、『ヒューマニズムについての書簡』（一九四六年）のなかの一節で、ハイデガーが、倫理以前の「倫理」に、つまりもはや「存在論」という肩書きさえ持たなくなったものに応答する、あるいは呼応する、ひとつの倫理——私はそれを、この際、やむをえず原‐倫理と呼んでおく——を定義しようと試みつつ、ヘルダーリンにおける「故郷（*Heimat*）」あるいは「ドイツ的なもの（*das Deutsche*）」のモチーフに拠り所を求めている箇所である。次の引用がそれである——当時、このような言説が、名誉回復のためのものとして通用していたということを忘れないでおいていただきたい。

「ドイツ的なもの」は世界に向けて、世界がドイツ的本質において恢癒するために言われているのではなく、ドイツ人たちが諸民族への運命的帰属にもとづいて諸民族とともに世界史的なものとなるために、ドイツ人たちに言われているのである。［……］この歴史的に住むことの故郷は、存在への近さである。この近さのうちで、次のことに関する決定が、およそなされるとすれば、なされるのである。すなわち、神と神々とは、それ自身を拒み、そして夜がとどまるのか、そして、それはいかにしてなのか。聖なるものの黎明は始まるのか、そして、それはいかにしてなのか。この聖なるものの立ち昇りのうちで、神と神々との出現は新たに開始しうるのか、そして、それはいかにしてなのか。しかし、聖なるものとは、ただ神性の本質空間にすぎず、その神性とは、ただ神と神々のために次元を与えるものであるに過ぎないのであって、その聖なるものが輝きのうちへと到来するのは、ただ、あらかじめ長い準備のうちで存在それ自体がそれ自体を開き、そして存在の真理において経験されたときだけなのである。このようにしてのみ、存在から発して、そのうちで人びとのみならず人間の本質そのものが彷徨するところの故郷喪失性の、克服が始まるのである。(5)

（5）［訳注］*Ga. Bd. 9, S.* 338-339；四二八―四二九ページ。

一九三四年に、ハイデガーが学生たちに向かって語っていたのは、自らの講義の課題〔tâche〕であった。すなわちそこには、ひとつの厳命があったのだ。お分かりのことと思うが、このような課題は、すでに「思索の課題」にほかならなかった。[6] ここでの「思索の課題」とは、「哲学の終焉」に際して、自らが想定するところの「詩作の課題」と合致する限りにおいての、「思索の課題」である――詩作の課題、すなわちヘルダーリンの課題とは、神の、神々の到来を準備する、あるいはその離反を告げることであった。それは、ある意味で、ニーチェの「神の死」において露呈されたニヒリズムよりも根本的なニヒリズムに、直面することであった。とはいえ思い出しておかねばならないのだが、この〔ニーチェ的な〕ニヒリズムが、『総長演説』における状況参加の全体を支えていたのである。思索の課題、詩作の課題。この種の原‐倫理が、ハイデガーの神学‐政治的な教説を統御していたのであろう。

この基本的仮説が正しいとすれば、私はその帰結として、いくつかの命題を――いささか碑文のように簡潔ではあるが、単に喚起しておくという形で――提示したいと思う。その命題は、全部で五つある。

一、神学‐政治的なものは、明らかに、ある種の神学‐詩作的なもの〔le théologico-poétique〕（ここでもまた、やむをえず、このような語を敢えて用いておくが）にしか、その支えをもたない。一九三〇年代（およびそれ以降）の「政治的」教説を権威づけているのは、まさしくヘルダーリン的な「教説」である。だがこのように言うとき、次のことを十分に理解しておかねばならない。つまり、一方で、この「教説」(ヘルダーリンの教説――とはいえ私は最終的に、それが教説だったということに疑問を抱いている) が権威をもつのは、そこに権威が欠けているからであり、また、誰も、何物も、それに権威を与えることがないからである(古代詩の冒頭の辞《インキピット》で述べられていたのとは異なり、神が〈詩〉を口述し書き取らせるのではない。反対に、「神の欠如」が「助ける」[7]、つまり、可能なものの限界において、〈詩〉を可能なものとするのである)。だが他方で、この権威が権威であるのは、狂気(「神々を護る夜[8]」) こそが〈詩〉の不可能な可能性を認可してきたのと同時に、ひとがこの〈詩〉にいまだ耳を傾けずにいるからにほかならない(そのうえ、このような理由から、ドイツ人はヘルダーリンに対

(6) [訳注] ハイデガーの論考「哲学の終焉と思索の課題」を参照のこと。この論考は、当初、一九六四年にパリでユネスコによって組織された討論会「生けるキェルケゴール」の発表原稿として作成され、ジャン・ボーフレとフランソワ・フェディエによって仏訳されたものが最初に刊行されたが、のちにドイツ語原文が『思索の事柄へ』に収められた。*Zur Sache des Denkens*, Tübingen, Max Niemeyer, 1969 ;『思索の事柄へ』、辻村公一+ハルムート・ブフナー訳、筑摩書房、一九七三年。

(7) [訳注]「詩人の天職 [Dichterberuf]」の末尾の詩句。「単純さが彼を庇護し、/彼はいかなる武器も、いかなる策略も/必要とはしない、神の欠如が助けとなるまでは」。草稿では「神がわれらの近くにとどまるかぎりは」となっている。Hölderlin, *SA. Bd. 2-1*, S. 48 ;『ヘルダーリン全集』、第二巻、五四ページ。

(8) [訳注]「神々を護る夜」は、ハイデガーが一九四三年の講演「追想」で用いた表現。「夜は昼の母である。聖なるものがやって来て、神々の到来の保証が贈られるのが昼においてであるという限りで、夜は、神-喪失の時-空間である。この神-喪失という言葉は、断じて、単なる欠如、さらには神々のあからさまな不在のみを言うのではない。[……] 夜は過ぎ去った神々のものを護り、到来する神々を包み隠す時である。そのように護り-包み隠す夜になっていても無ではないので [……]。」*Ga. Bd.* 4, S. 109-110 ; 一五一ページ。

して負債を負っているのである)。

一九三五年の『形而上学入門』において、(引用はしないが)ヘロドトスを想起しつつ、ハイデガーが主張しているように、古代の神学‐詩作的なものは、ムーサの厳命のもと、ホメロスが「ギリシアに神々を与えた」ということに由来する。(9) これに対し、近代の神学‐詩作的なものは、神の到来もしくは退去の告知――福音=良き知らせ〔évangile〕――についての〈詩〉を、宙吊りにするところのものである。

二、神学‐政治的なものという表現における政治的なものとは、国民的〔national〕なものと関わりをもつところのものである。あるいは、より正確に、ヘルダーリンの正書法に従えば、「国民本然の〔nationel〕」もの、(10) すなわち民衆=民族〔le peuple〕と関わりをもつところのものである。たしかにハイデガーは、『ヒューマニズムについての書簡』において(一九四六年という時期において……)、マルクスが疎外の概念によって、近代の人間における本質的故郷喪失を経験した点を高く評価してはいる(この直観は考慮にあたいする。マルクスはヘルダーリンからそれほど遠くにいるわけではない。「産業」によって組織化された大規模な強制収容は事実であり、二人において問題となっているのは、まさしく疎外なのだ)。だがハイデガーは、ナショナリズムとともにインターナショナリズムも、無制約な主体性の形象として斥けている――彼はつねにそれを斥けていたことになるだろう。そのようにして、数々の教理《ドクトリン》が、いわんや数々のイデオロギーが、斥けられているのだと理解しておこう。先に引き合いに出しておいた箇所の直前において、ハイデガーはまさしく以下のように述べている――それはニーチェが、彼自身も故郷喪失を経験してはいたが、「形而上学を転倒すること」に囚われていたために「出口なしの状態が完成した」、という事実に言及した直後の箇所である。

ヘルダーリンは、「帰郷」を詩作したとき、彼の「同郷の人びと」がその本質へと到る道を見出すことができるように気遣っていた。彼らの本質を、ヘルダーリンは民族のエゴイズムのうちに求めているのでは決してない。ヘルダーリンは、むしろ西洋の命運への帰属から発して、彼らの本質を見出しているのである。しかしまた、西洋といっても、東方《オリエント》と区別された西方《オクシデント》という地域的な意味で考えられているのではなく、またヨーロッパという意味で考えられているのでもなく、根源への近さから発して、世界史（*Weltgeschichte*）的に考えられているのである。(11)

「世界史的に考えられている」とはいえ、三〇年代に、この同じ問題系、すなわち *Heimatlosigkeit*〔故郷喪失〕の問題系（保守革命の側のインターナショナルにおいて、まさしくマルクスの疎外、すなわち

（9）〔訳注〕本書プロローグ、注40を参照。
（10）〔訳注〕本書プロローグ、注26を参照。
（11）〔訳注〕*Ga. Bd. 9, S.* 338；四二八ページ。

Entfremdung に対抗するために好んで用いられた語彙に従えば、「根こぎ」の問題系[12]によって、「人間とは何か？」というカント的な問い（啓蒙主義者《アウフクレーラー》と形而上学者が不可分に結びついたスタイルの問い）が、「我々とは誰か？」というもうひとつ別の問いへと強制的に置き換えられた。後者の問いが意味しているのは、やはり一貫して、「誰なのか、我々ドイツ人とは？」ということである。そしてこれに対する可能な回答は、例えば「優れて哲学的な民族」、あるいは「思索者たちと詩人たちの民族」であろう。要するに、「形而上学的民族」である。[13]

三、神学‐政治的なものは、それに対して、神話への呼びかけによって支えられている。別の機会に、私はこのことを指摘しようと試みたことがあったので、この点にこだわるつもりはない。このテーゼは、アラン・バディウのテーゼへの、きわめて友愛にみちた、しかし確固とした、私の異議を特徴づけるものである。彼は、ヘーゲル以来、哲学がその類を生み出す諸条件［conditions génériques］のいずれかひとつへと縫合されているというのだが、これに関しては私も異論はない。ただひとつ、私が言いたいのは、ハイデガーにおいて生じているのが、〈詩［Poème］〉ではなく〈神話素［Mythème］〉への縫合作用なのだということである。この指摘は、ロマン主義にその端を発する（ドイツの）偉大な形而上学全体に当てはまる。その端緒とは、もちろんシュレーゲル兄弟のことでもあるが、だがそれは、とりわけシェリングでもある——周知のように、彼はヘルダーリンと近しい関係にあった。ハイデガー的な詩作の把握は、このような思弁的ロマン主義によって重層決定されている。だからこそ、詩作

(*Dichtung*) は、その本質において、言語（*die Sprache*）として――あるいは同じことなのだが、民族の原詩作（*Urdichtung*）であるところの言語として――定義され、そして今度は、言語が、その本質において、*die Sage*〔伝説、伝承〕すなわち *ho muthos*〔神話〕として、定義されるのである。ハイデガーは一九五〇年代に、*die Sage* が *Heldensaga* すなわち英雄伝説ではなく、*muthein*〔話すこと〕であると明確化することになる。この *muthein* のみが、*legein*（言語としての「ある〔il y a〕」の取り集め）との曖昧な差異のうちで、神的な場所と名とを述べることができるのである。いずれにせよ、*Dichtung*〔詩作〕は、アリストテレス的-現象学的に定義されたロゴスと同様に、言明《アポファンシス》的である。つまり、*dichten*〔詩作する〕とは、古高ドイツ語の *tihtôn*〔詩作する〕とラテン語の *dictare*〔繰り返し言う、口述筆記させる、執筆する〕

(12)〔訳注〕「根こぎ」と訳したフランス語 déracinement は、モーリス・バレス（一八六二―一九二三年）に代表されるフランス極右・保守革命のコンテクストでしばしば用いられる用語（本書エピローグ、二二四ページも参照のこと）。ラクー＝ラバルトが「保守革命」の「インターナショナル」と呼んでいるのは、汎ヨーロッパ的現象としての「保守革命」思想のことであり、それをある種の皮肉をもって「インターナショナル」と形容している。

(13) ジャン＝フランソワ・クルティーヌは、最近の注目すべき研究（« Un peuple métaphysique », *Revue de métaphysique et de morale. « Philosophies nationales ? Controverses franco-allemandes »*, Paris, P.U.F., septembre 2001）において、この「形而上学的民族」という「途方もない」定式を、スタール夫人（『ドイツ論』、第三部、第七章）からの「擬似引用」であるとしている。というのも、彼女はこの定式を、皮肉めいたとは言わないまでも、疑念を表明する仕方で用いているからである。

を経由して *deiknumi*、すなわち「示す」、「指し示す」、「現れ出させる」に通じる。(14) あらゆる記号（*Zeichen*）は、示すこと（*Zeigen*）、すなわち名づけること（*Nennen*）であり、これによってはじめて、存在するということがある。このような連関は周知のものである。言語に関してハイデガーが、そのうえ、ヘルダーとフンボルトを参照できたという事実は、決してどうでもよい事実ではない。(15)

四、ハイデガーが理解していた——しかし彼はそれが語られるのを聞きたがらなかった——意味での政治（つねに括弧に入れられた政治……）は、しかしながら一九三〇年代には、国民社会主義と、つまりファシズムと、有機的に結びついていた。しかも、周知のとおりの、あるいは容易に想像がつくような、あらゆる妥協を伴いながら、である。数々の否認と、婉曲的な自白、あるいは虚言を重ねながらも、ハイデガーは、決して本当の意味では否認できたわけではなかった。したがって、三〇年代のハイデガーに政治があったとすれば——そして私は、「通常の」意味での政治への妥協の彼方において、明示的にであるか否かはともかく、テクストそれ自体のうちに刻み込まれた、ある種の政治があるのだと主張したいのだが——、その政治は、私なら（これで最後にするが、やむをえず）原-ファシズムと呼ぶであろうものに属していると仮定しておきたい。このような原《アルシ》-ファシズムは、一九三四年頃に、ブルトンがバタイユを告発するのに上手くできた言葉だと考えた超《シュル》ファシズムという用語とは何の関係もない。(16) 反対に、それは、ベンヤミンの恐るべき宣告、遠慮がちであるがゆえにいっそう権威をもって発せられたあの宣告と、大いに関係している。すなわち、ベンヤミンは、バタイユが聖なるものについて発表した社会学研究会《コレージュ・ド・ソシオロジー》の会合の夕べに参加した際、クロソウスキーにこう耳打ちしたというのである。「実のところ、あなた方はファシストのために仕事をしているのだ」と。[17] ベンヤミンが熟知していたように、原＝アルシのロジックは、絶対的なまでに恐るべきものである。この点において、「現実のファシズム」に抗して発せられたハイデガーの言説は、実のところ、明らかに、

（14）〔訳注〕この語源学的連関については、ハイデガーが例えば『ヘルダーリンの讃歌「ゲルマニア」と「ライン」』などでしばしば言及している。Cf. Heidegger, *Ga. Bd. 39*, S. 289；三六ページ。

（15）〔訳注〕フンボルトについては、『言葉への途上』（*Unterwegs zur Sprache*）所収の「言葉への道」を参照されたい（*Ga. Bd. 12*, S. 227-257；二九五―三三四ページ）。また、ヘルダーについては、一九三九年夏学期のセミナーのための覚書『言語の本質について』（*Ga.Bd.85. Vom Wesen der Sprache. Die Metaphysik der Sprache und die Wesung des Wortes zu Herders Abhandlung » Über den Ursprung der Sprache «*, Frankfurt am Main, Vittorio Klostermann, 1999）で詳しく読むことができる。

（16）〔訳注〕surfascisme は、一九三六年のコントルアタック創設宣言文において表明された「ファシストによって創造された武器を我々の側で用いる」という基本姿勢を言い表した言葉（Georges Bataille, *Œuvre: complètes, tome 1*, Paris, Gallimard, 1970, p. 382；『物質の政治学　バタイユ・マテリアリストⅡ』、吉田裕訳著、書肆山田、二〇〇一年、一二二―一二三ページ）。アンリ・デュビエフの証言によればこの語は、ジャン・ドトゥリの造語である（*Textures*, n°6, janvier, 1970）。またブルトンは、こうしたバタイユの立場は結局のところファシズムに対する讃美になると批判した。Cf. *Tracts surréalists et déclarations collectives. Tome I. 1922-1939*, Paris, Eric Losfeld, 1980, p. 506.

（17）〔訳注〕ベンヤミンがクロソウスキーに耳打ちしたとされるこの言葉は、ラクー＝ラバルト本人が、一九七二年のニーチェ・コロックの際に、クロソウスキーより個人的に教えられた言葉だとのことである。なお、ベンヤミンと「社会学研究会」の会合との関連については、Pierre Klossowski, « Entre Marx et Fourier », *Le Monde*, 31 mai 1969 等の記事で読むことができる。

ファシズムの真理を救い出すという以外の野心を持たなかったのである。

五、これまで見てきたような条件のもとで神学–詩作的なものに接合されつつ、神学–政治的なものは、詩作にある種の任務を――ロマン派以来この任務という語が獲得してきた、最終的には、もっとも凡庸な意味において――割り与える。その任務とは、理解いただけたと思うが、ひとつの闘争の任務である。ところで、ハイデガーの眼から見て、このような闘争が絶対的な必然性をもっていたとすれば、それは、そこに危険があったからである。一九三六年のローマでの講演で、ハイデガーは、ヘルダーリンのコーパスから抜粋してきた五つの主導文《ライトモチーフ》に即して、一九三四年の講義を凝縮させる。彼はその際、詩作の「無垢」についての例のヘルダーリンの言明に対置するかたちで、[18] 言語（*die Sprache*）が「あらゆる財宝のなかでもっとも危険[19]」だと述べている散文断片を引き合いに出す。彼は次のような注釈を提示しているが、それに関しては、さらなる注釈は何ら必要ないだろう。

しかしいかにして、言語は「あらゆる財宝のなかでもっとも危険なもの」なのであろうか。それは何よりもまず危険の可能性を創り出すがゆえに、あらゆる危険のなかでもっとも危険なのである。危険とは存在者によって存在が脅かされることである。さてしかしながら、人間は言語によって初めて、そもそもある種の顕わなものへと曝し出されるのだが、この顕わなものは、存在者としては、人間をその現存在において圧迫し、鼓舞し、また非存在者としては欺き、幻滅させる。言語が初めて存在の脅かしと迷誤とが顕わになる場を創り出し、そのようにして存在喪失の可能性を――つまり危険を――創り出す[20]。

そして彼は、少しあとでこう付け加える。

言語（*Sprache*）において、もっとも純粋なものやもっとも隠蔽されたものと同時に、もっとも混乱したものやもっとも卑俗なものが言い表されることができる。それどころか、本質的な言葉でさえ、理解され、そして万人の共有する（*gemeinsam*）財産となるためには、自らを共通の＝卑俗な［gemein］ものとしなければならない。それゆえ、ヘルダーリンの別の断片では、こう言われているのである。「君は神に語りかけるが、君たちは皆忘れてしまっている、つねに初穂は死すべき者たちのものではなく、神々のものなのだということを。実りがまずもって、より共通のものとなり、日常のものとならねばならない。そのときはじめて、それは死すべき者

（18）［訳注］一七九九年一月に書かれた母宛ての書簡において、ヘルダーリンは、詩人の営みについて、それが「すべての営みのなかでもっとも無垢なこと」だと述べている。*StA. Bd. 6-1*, S. 311；『ヘルダーリン全集』第四巻、三五〇ページ。

（19）［訳注］*StA. Bd. 2-1*, S. 325；『ヘルダーリン全集』、第二巻、三七〇ページ。

（20）［訳注］Heidegger, *Ga. Bd. 4*, S. 36-37；五〇ページ。強調はハイデガーによるもの。

たちのものとなる」[21]。

これに関して、ハイデガーは次のように解説する。「純粋なものと共通の＝卑俗なものは、同じように、ひとつの〈言われたこと〉になる」[22]。それは *eine Sage*［ひとつの伝説、伝承］、すなわち神話である。

このテクストから、少なくとも三つの点が、たやすく推論されるだろう。まずもって、危険そのものを前にして、すなわち本質における危険（つまり存在への脅かし）を前にして、詩作の原‐倫理的な特質、すなわち勇気が想定され、必要とされる。そのうえ、それは、一九三〇年代のハイデガーの言説のうちから暴き出すことのできる、多分唯一の原‐倫理的な特質であるだろう。すなわち私がここで原‐倫理と呼ぶことを試みているものは、端的に、勇気の経験のうちに存しているのである。それから第二に、あらゆる「存在論的」な危険が、同時に、そして必然的に、歴史的《イストリアル》な危険であるがゆえに――歴史的《イストリアル》なものとは、お望みとあれば、括弧なしの政治的なものなのだと言うこともできる――、ある責任が詩作に与えられ、それと同時に、それに応答責任をもつ思索にも与えられる。民族にとっての歴史の可能性が、この責任によってのみ決せられるという意味で、それは、超越論的な責任だと言うこともできる（ある意味で、これは、勇気が決断のうちにあるということでもある――このことを明らかにすることもできるだろう）。ヘルダーリンの注釈においてあらゆる意味で問われているのは、ドイツ人が歴史へと参入できるか否か、そしてひとつの歴史を開くことができるか否か、である。すなわちそれは、ギリシア人が、悲劇によって証し立てられているような未聞の勇気をもってギリシア人になったのと同じく、ドイツ人がドイツ人になることができる否か、ということなのである。そして第三に、ここから明らかに帰結することであるが、詩人はここで英雄として定義される。その英雄とは、『存在と時間』の第七四節において、歴史的《イストリアル》現存在（民族）が自らの英雄を伝統のうちから選び取らなければならないとされている意味での、英雄である。[23] 歴史と古代的闘技《アゴニスティック》についてのニーチェによる解釈の延長線上にあって、詩人は、ひとつのモデルという以上の意味での、模範例なのである。あるいは、近代人の用語法に従えば、詩人は、ニーチェにおいてと同様、ハイデガーにおいても、ひとつの形象を、あるいは *Gestalt*［形態、形姿］を呈示しているといえる。ハイデガーは、ニーチェ主義に由来するあらゆる形象を――ツァラトゥストラそのものからリルケの〈天使〉に到るまで、そしてたしかに時代は下るが、ユンガーの〈労働者〉に到るまで――乱暴な仕方で拒絶することになる。とはいえ、彼は、詩作の英雄の形象、あるいは神々と人間たち、不死の者たちと死すべき者たちのあい

（21）［訳注］*Ga. Bd. 4, S. 37*；五〇ページ。ヘルダーリンの出典は、*SA. Bd. 2-1, S. 322.*

（22）［訳注］*Ga. Bd. 4, S. 37*；五〇ページ。

（23）［訳注］*Sein und Zeit, S. 385.*「既在したなんらかの実存可能性を本来的に取り返すということ――現存在がおのれのためにおのれの英雄を選ぶということ――は、実存論的には先駆的決意性にもとづく。なぜなら、先駆的決意性のうちでまずもって選ばれるのが、取り返しうるものへの闘争しながらの随従と忠誠に向かって自由にさせる選択であるからである」。この箇所をめぐっては、「政治的なものについての哲学的研究センター」におけるラクー＝ラバルトの発表（一九八一年）「超越は政治において終わる［La transcendence finie/t dans la politique］」で、『存在と時間』から「総長演説」までのハイデガーの思考が分析されている。

だの半神、媒介者、あるいは仲介者の形象を、受け入れていなかったわけではない。それは受け入れるという以上のことだったのである。危険の極みにおいて――雷に撃たれる無媒介なる脅威のもと――神的なものの数々の合図を摑み取り、包み隠されたかたちで民族に伝える者、とヘルダーリンは（もしくは少なくともある部分のヘルダーリンは）言っている（讃歌「ゲルマニア」を扱った一九三四年の講義の後半は、この主題を長々と論じている。だがこれは、ハイデガーにおける、つねに変わらぬ主題でもある）。

今晩、私は以上のことを喚起するにとどめたが、それは真に主張したいことの導入とするためである。これからその梗概を述べることになるが、それは単に梗概でしかない。というのも、すぐに気づかれるであろうが、当然のことながら、私が提起したいと思っている問いを正当に扱うためには、より豊富な分析が必要だからである。

ハイデガーの注釈が開始された年から遡ってちょうど二十年前、ヘルダーリンが、そしてとりわけ勇気の主題が、言うなれば反対の解釈的身振りによって扱われる機会があった。しかしその身振りは完全に反対というわけでもなかったのであって、このことは、多大な帰結をもたらすものであるように思われる。

私がここで暗示しているのは、ベンヤミンが一九一四―一九一五年の冬に執筆した名高い試論、「フリードリヒ・ヘルダーリンの二つの詩」である。周知のように、一九五五年にベンヤミンの散逸した試論を集めた初の論集が刊行されるまで——それを発案したのはアドルノとショーレムであった——このテクストは未刊のままとどまっていた。[24] したがって、一九三六年にハイデガーは、もちろんこのテクストを知っていたはずがない。それにまた、私の意図は、この二つの解釈を「比較する」ということにはない。そのようなことをしても、非常に限られた関心を惹くのみであろう。むしろ問題なのは、このテクストを引き合いに出すことで、ある時代《エポック》（その時代《エポック》から、我々は、放免されてなどいない）と、その根底に横たわっている哲学的問い掛けとを評定することである。我々の数々の政治は——しかし政治だけではない——、この時代と問い掛けとに、いまだ拠って立っているのである。

ここでは明らかに、手短な紹介が必要である。このテクストは、ある同一の詩の二つの稿——じつは三つの稿があり、ベンヤミンは故意に第二稿を無視している——についての研究である。ベンヤミンが第二のものと見なしている稿（すなわち最終稿）は、ヘルダーリンのフランス旅行後に成立したことがきわめて確実だとされており、彼の「書き直し」の作業、あるいはむしろ、「後期」のヘルダーリンが一心不乱に専心した、内的翻訳の作業を証拠づけるものとなっている。いわゆる初稿には、皆さんは驚かれないだろうが、*Dichtermut* という表題が付されている。ドイツ語の *Mut*〔勇気〕という語の慣用的意味に従うならば、その表題は「詩人の勇気」となる。第二の稿は、*Blödigkeit*〔愚直〕と題さ

（24）〔訳注〕初出は *Schriften. I*, herausgegeben von Th. W. Adorno und Gretel Adorno unter Mitwirkung von Friedrich Podszus, Frankfurt am Main, Suhrkamp, 1955.

れている。厄介な単語であるが、一般にフランス語では「臆心［timidité］」あるいは「不器用［gaucherie］」と訳されている（ベンヤミンの試論の翻訳者であるモーリス・ド・ガンディヤックは timidité［臆心］を選んでいる）[25]。しかしこの詩の二つの稿において、主題とされているのは同じことである。それは詩人の使命あるいは任務という主題であり、その使命あるいは任務は、先に用いた言葉を繰り返すならば、勇気の原‐倫理的特質を要請するのである。我々は、すでに、ハイデガーが身を置くことになる地盤のうえにいる。

さらに、ベンヤミンの試論もまた、そこでひとつの課題［tâche］、すなわち *eine Aufgabe*［課題、使命］と定義されているところのものに応答しているということを指摘しておきたい――それはどうでもよい指摘ではない。課題は、ここでは、講義の課題［tâche］ではない。とはいえそれは、批評の課題、あるいはベンヤミンがいくらか大袈裟に「詩芸術の美学[26]」と呼ぶところのものの課題である。ここでの課題とは、ベンヤミンが *das Gedichtete*［詩作されるもの］という語によって名づけているものを、詩において追究することであり、この語をのちに、ハイデガーは、体系的に使用することになる――この語を作り出したのは、ベンヤミンでもなければハイデガーでもなく（それはゲーテのなかに見出される）、また、この語は、概念としては、両者において詩作の本質（あるいは〈理念〉）へと合図を送っている（*dichten* という語が翻訳不可能であるがゆえに、この語も翻訳不可能なものと見なされている。モーリス・ド・ガンディヤックは、ベーダ・アレマンの示唆にもとづいて、ラテン語源の *dictare*［口述筆記させる、念を押して言う］に依拠しつつ、*dictamen*［啓示、指示］という訳語を提案している。*dictamen*

は、「良心が指示する＝書き取るべく命ずるもの〔ce que dicte la conscience〕」という意味で理解されている。この意味はすでに廃れてしまっているとガンディヤックは言うのだが、ルソーはまだ、そして彼以後の多くの者たちもなお、そのような意味でこの語を使用している。その意味とは、要するに、倫理的な意味である。ハイデガーの翻訳者たちのほとんどは、困難さを前にして、le poématique〔創作《ポイエーシス》されるもの〕という訳語を提案してきた。この訳語も許容しうるものである。だが、これら二つの提案を一括することができるならば、両者のあいだの「ためらい」が、詩作の問題系と倫理の問題系とを統合する絆を、いっそう顕著に現れ出させることになる)。

問われているのは——こう言えるならば、批評の課題が指示する〔dicter〕問いは——、したがって、いかにして、*Gedichtete*〔詩作されるもの〕、すなわち *dictamen* あるいは le poématique に到達するのか、と

（25）〔訳注〕« Deux poèmes de Friedrich Hölderlin », in *Mythe et violence*, Paris, Denoël, 1971, pp. 51-78. ちなみに、最新のフランス語版『ベンヤミン著作集』(Walter Benjamin *Œuvres I*, Paris, Gallimard, 2000, pp. 91-124) においても、校訳者のライナー・ロシュリッツは timidité の訳語をそのまま採用している。

（26）〔訳注〕Benjamin, *G.S. II-1*, S. 105 ; 「フリードリヒ・ヘルダーリンの二つの詩作品」、一六七ページ。「以下の研究が課題としているところを詩芸術の美学に組み入れるには、いささかの説明が必要である。純粋な美学としてのこの学は、その主たる精力を、文芸の個々のジャンル、なかでももっともしばしばギリシア悲劇というジャンルの究明に向けてきた。注釈が為される場合、その対象となったのは、ほとんどギリシア古典の偉大な作品ばかりで、ギリシア古典の劇文学以外の作品が対象となる場合には、それは概ね、美学的注釈というよりも、文献学的注釈だった。本論において試みるのは、二つの抒情詩的作品についての美学的な注釈である」。

いうことなのである。ベンヤミンが絶えず言いつづけることになるように、それは方法の問いであり、彼は、哲学的語彙と自分とのあいだに一線を画そうとすることは決してなかった。これに対してハイデガーは、執拗にもそれにこだわりつづけ、まずもって、少なくともヘーゲルに到るデカルト以降の形而上学に抗しつつ、*methodos*〔方法〕を *hodos*〔道〕へと、すなわち *Weg*〔道〕、*Wegmarken*〔道標〕、*Holzwege*〔杣径〕、*unterwegs zu...*〔……への途上〕、等々へと還元する。多くの点で彼らの「歩み」が類似しているにもかかわらず、〔ベンヤミン的な〕到達（それはある種の侵入なのだが）の問題系は、〔ハイデガー的な〕道程の問題系とは別物である。それをベンヤミンは、本質という用語では語らず、さらに言えば、根源という用語でさえ語っていない——少しのちになって彼はそうすることになるのだが。また彼は、カント的な、あるいはポスト・カント的な、アプリオリという言葉を用いている。その「方法論に関する」長大な序論では、主に、ノヴァーリスのある断章が参照されており、それが序論の基礎に横たわっているのだが、その断章とは、「いかなる芸術作品も、ひとつのアプリオリな理想を、つまりそこに現存する必然性を具えている(27)」というものである。また、もしそこに美学《エステティーク》（「詩芸術の美学」）があるとすれば、いくぶん予想外の意味においてではあるが、それは超越論的感性論《エステティーク》である。〈詩作されるもの〉は、間違っても詩の原因ではなく、それを「説明する」ことを可能にするようなものでもなく、またそれ自体なんら「詩的な」ものでもない（ハイデガーにおいても、詩作の本質は詩的なものではない）。それは、端的に、詩の可能性の条件である。詩の「前提」、とベンヤミンは言う。

以上のことを立証するために、ベンヤミンは二つの概念に依拠する。

まず第一の概念は、ゲーテから借りてこられた、「内的形式」（*innere Form*）あるいは「内実」（*Gehalt*）という概念である——周知のように、彼はその批評の試みにおいて、この語に忠実でありつづけた。このことは、五年後に書かれた〔ゲーテの〕『親和力』をめぐる重要な試論における、*Sachverhalt*〔事実内容、事情〕と *Wahrheitsgehalt*〔真理内実〕との対立が証し立てるところでもある。次のように、彼はこの語を導入する。そしてなんら偶然ではないのだが、そこで問われているのは、またもや課題である。

内的形式、すなわちゲーテが内実と呼んだものを、これら二つの詩にあてはめることにしたい。詩を評価するための前提として、詩人の課題を突きとめねばならない。この評価は、詩人がいかにして自らの課題から解放されたかということに即してなされるのではなく、むしろ、課題そのものの真摯さと偉大さによって規定されるのである。というのも、この課題は、詩そのものから導き出されるからである。この課題はまた、詩作の前提として、すなわち詩によって証言される世界の精神的‐直観的構造としても、理解すべきである。この課題、この前提を、分析が接近しうる究極の根底として理解しておきたい。本論で突きとめられることになるのは、抒情詩創作の過程や、創作者の人格あるいは世界観などではなく、詩の課題であり前提であるところのものがそこに存している、個別的で無比なる領域なのである。[28]

（27）〔訳注〕*G.S. II-1*, S. 105-106；二六九ページ。
（28）〔訳注〕*G.S. II-1*, S. 105；二六七—二六八ページ。

詩の前提（その可能性の条件）とは、したがって、詩の、そのつど特異な課題のことである——すなわち、同じことだが、それは詩がそのつど証言するところのものである。すぐあとで確認することになるが、このような証言は、つねに真理の証言であり、あるいはそれが単独で、しかもつねに単独であるという限りにおいて、ある真理を証し立てることなのである。そして忘れてはならないのは、ハイデガーもまた、二十年後に、証言を問題にするということである。〔一九三四／三五年の〕講義をもとにしたローマ講演において、ハイデガーは次のことを指摘する——このひとつの例だけにとどめておく。すなわち、ヘルダーリンは「あらゆる財宝のなかでもっとも危険なもの」（したがって真理そのものをも脅かすもの）としての言語に言及しているのだが、そのとき彼はまた、言語を、「人間が、自らが何であるかを証し立てる」ことができるように与えられた贈り物としても定義しているのである。ハイデガーはこの命題を修正し、周知の政治的-存在論的な目論みに即して、人間が何であるか（*was*）という問いから人間が誰であるか（*wer*）という問いへと移行するのだが、このことはここでは、さほど重要ではない。本質的なのは、ハイデガーにおいてもベンヤミンにおいても、真理ということの解釈にいかなる差異があるとしても、詩作が「真理を言うこと」あるいは「真理の名において語ること」として定義されているという点にある。言うなれば、詩作は真理に殉じること〔martyre〕なのだ。(29)（したがって、おそらく——これについては、また立ち戻るつもりである——、このような意味で詩作が理解されるや、詩人の運命は、ある種の換喩的なずれによって、実際に、殉教者のたちの運命と重なるのである。このことは、ハイデガーによって選ばれた詩人たちに当てはまり、同時に、アラン・バディウの「七詩聖《プレアデス》」を構成する詩人たちにも当てはまる。）

課題と証言は、したがって、両者の統一それ自体において（課題は証言である）、詩の前提あるいはアプリオリ、すなわちその「権威づけ［autorisation］」とでも呼びうるであろうものを構成する（それは詩人の権威よりもはるかに先行する権威づけであり、しかも詩を権威づけると同時に詩人がいることを可能にしているという意味で、二重に先行する権威づけである）。しかしながら、〈詩作されるもの〉の完全な定義への通路が最後まで開かれるためには、なおも第二の概念が欠けている。その概念とは、――すでに皆さんは通りがかりにこの語を耳にしているが――、「形象」（*Gestalt*）の概念であり、そこには、絶対に必然的な仕方で、「神話」の概念が係わり合っているのである。次のような仕方でベンヤミンは、この概念を導入する。その直前で彼は、創作の過程あるいは創作の主体についてのいかなる検討をも斥けつつ、「詩の課題であり前提であるところのものがそこに存している、個別的で無比なる領域」を考察することにのみ、批評を捧げるとしていた。ベンヤミンはこう続ける。

　この領域は、論究の対象であると同時に、論究の産物でもある。この領域それ自体は、もは

（29）［訳注］martyre は、キリスト教の用語としては、「殉教」、「殉死」、すなわち死を賭して信仰を証し立てる行為を意味するが、もとはギリシア語で（martyria）、より広く「証言する」「証し立てる」行為一般を意味していた。ラクー＝ラバルトはここで、証言と、真理と、死との関連を示唆するためにこの語を用いていると思われる。同様の主題を扱った論考としては、モーリス・ブランショの『私の死の瞬間』を分析した《Fidélités》, in *L'animal autobiographique*, Paris, Galilée, 1999 などがある。

> や詩と同列に並べることができる領域ではなく、むしろ論究によってのみ確定されうる領域である。ここではそれを、すなわち各々の詩作に対して各々個別的な形姿を持つこの領域を、〈詩作されるもの〉と呼ぶことにする。その領域において、詩作の真理を宿している独自な圏域が、開かれねばならないのである。ここでいう「真理」とは――それは、まさしくもっとも真摯な芸術家たちが、自らの創作物に宿っていると、あれほど切実に主張するところのものなのだが――、芸術家たちの創作行為の客観性として、そのつど芸術家の課題の成就として、理解されるべきものである。［……］〈詩作されるもの〉とは、その普遍的な形式においては、精神的秩序と直観的秩序との綜合的統一のことをいう。この統一は、その個別的な形姿を、個別的な創作物の内的形式として持つことになるのである。(30)

したがって、〈詩作されるもの〉は *Gestalt*［形態、形姿］、すなわち形象［figure］である――手間を省くためにこの訳語を保持しておく。より正確にいえば、形象とは、個々の詩にとって、その内的形式ないし内実の呈示であり、かつまた、分節化の様態なのである。しかしなぜ形象が問題になったのか？なぜ *Gestalt* というこの語、この概念なのか？

そこには二つの理由があるように思われる。

第一の理由は、ベンヤミンが先ほど提示していた理由である。彼が言うには、一般に、〈詩作されるもの〉とは、精神の秩序と直観の秩序という「二つの秩序の綜合的統一」である。これは、明らかに、カント的な語法から派生した語法なのだが、それはイエナのロマン主義が操作した諸々の派生語をモデルにしている（例えば、「悟性」のかわりに「精神」と言われている）。もし私の理解が正しいとすれば、この定式で言われているのは、端的に、〈詩作されるもの〉が詩の超越論的図式だということである。*Dichten* すなわち「詩作すること」は、「人間の魂の深奥に隠された技術」としての超越論的構想力[31]へと関連づけられる。あるいはそれは、根源的で、世界創設的なテクネー――なぜならそれは世界の始原《アルケー》と原理とに関わる形象化（*Gestaltung*）なのだから――に関係づけられており、このカテゴリーを私が好んで用いるのは、ハイデガーが『カントと形而上学の問題』から「芸術作品の根源」をめぐる一連の講演へと到るあいだに開こうとした突破口を想起させるためである。ベンヤミンの言い方に従えば、〈詩作されるもの〉は「限界概念」であり、詩そのものと、詩が証言しているところのものとのあいだの、すなわち詩がその真理において――「生において」とベンヤミンは言っている――証し立てているところのものとのあいだの限界でありつつ、両者の条件でもあるのだ。それは二つの「機能統一」、すなわち詩の機能統一（形式と素材との区別に先立つ統一）と生の機能統一（課題と解決との区別に先立つ統一）のあいだの「移行」を確固たるものとする。とはいえ、ここでは引用をしておくのがもっとも簡明であろう。

（30）〔訳注〕*G.S. II-1*, S.105：二六八―二六九ページ。
（31）〔訳注〕カント『純粋理性批判』、A版一四一ページ、B版一八一ページ。

〈詩作されるもの〉は、詩の直観的かつ精神的な機能統一へのこのような関係を通して、詩に対する限界規定であることが明らかになる。しかし同時に、それはもうひとつ別の機能統一に対する限界概念でもある。というのも、限界概念というものは、つねに、二つの概念のあいだの限界としてのみありうるからである。このもうひとつ別の機能統一とは、課題という理念であって、この理念は、詩がそれであるところの解決という理念に呼応しているのである（なぜなら、課題と解決とは、ただ抽象的にしか分離されえないのだから）。この課題という理念は、創作者にとっては、つねに生である。この生のうちに、もうひとつの極の機能統一が存している。したがって、〈詩作されるもの〉は、生の機能統一から詩の機能統一への移行なのだ、ということが明らかになる。〈詩作されるもの〉のうちで、生が詩によって規定され、課題が解決によって規定されるのである。その根底にあるのは、芸術家の個人的な生の気分などではなく、芸術によって規定された生の連関なのである。[32]

なおも私の理解が正しいとすれば、*Gestalt*〔形姿、形態〕としての〈詩作されるもの〉は、実存の形象である。あるいは同じことであるが、生（実存）は——詩の課題がそれを証言することに存するという限りにおいて——、それ自体、その真理において、詩的である。詩は、実のところ〔en vérité〕、我々が真実のうちに〔en vérité〕生きている（実存している）ということを、語りうる。すなわち我々は、詩的に、生きている（実存している）のである（「功業は数多くあるが、しかし詩的に、人間はこの大地の上に住まう」、とヘルダーリンの詩句は述べており、のちにハイデガーは、この詩句を長々と注釈することになる)。[33] 詩作は我々の運命である。それは、実際、〈詩作されるもの〉なのである。

ここから、第二の理由が導き出されるように思われる。その理由を、ベンヤミンは、*Gestalt* という語——あるいは概念——を正当化するために引き合いに出している(この語——あるいは概念——は、哲学的(ヘーゲル主義的というよりはむしろニーチェ主義的)観点から見ても、政治的観点から見ても、彼がそれを用いた時代において、きわめて強い「負荷を帯びて」いた。それは、頭角を現しつつあった「保守革命」の主要語のひとつに数えられることにもなる)。ベンヤミンは、終始、きわめて慎重である。彼は「近似的」に語っているのだと述べている。[34] にもかかわらず、*Gestalt* は、やはり神話に差し向けられているのである。あるいはこう言った方がよければ、あらゆる形象が(しかしまた、あらゆるモデルが、あるいはあらゆる範例が、と言うこともできるだろう)、潜在的に神話的なものなのである。神話的といっても、神話という語の抽象的で疎遠な意味においてではなく、生(実存)そのものが「神話における生」、つまり「引用」である——これはまさしくトーマス・マンの定式であ

(32)〔訳注〕*GS. II-1*, S. 106-107;二七二—二七三ページ。
(33)〔訳注〕»„... dichterisch wohnet der Menschen ...“«, in *Ga. Bd. 7. Vorträge und Aufsätze*, S. 181-198.
(34)〔訳注〕Benjamin, *GS. II-1*, S. 107;二七三ページ。「……これら諸要素の内的偉大さないしは内的形姿(ここではこれを近似的に「神話的」と呼んでいるのだが)にとって代わるにつれ、それだけいっそう結合は希薄になり、生まれ出るものは、ますます、愛すべきだが芸術性の乏しい自然の産物に近くなる……」。

り、それが発せられたのは一九三六年である[35]――、という意味においてである。ベンヤミンはこう述べている。

この領域、すなわち二つの機能統一の移行領域を把握するためのカテゴリーはまだ形成されていないが、それはもしかすると、神話の概念を頼りにするのがいちばん近いかもしれない。芸術のもっとも脆弱な成果は、生の無媒介な感情と係わり、これに対して芸術のもっとも強力な成果は、その真理に即していえば、神話的なものに親縁性をもった領域、すなわち〈詩作されるもの〉に関係している。一般的に、生こそが、詩の〈詩作されるもの〉（*das Gedichtete der Gedichte*）である、と言うこともできるだろう[36]。

このように理解された神話的なものは、間違っても、神話論的なもの［le mythologique］、すなわち、諸々の神話素の型にはまった組織化（あるいは凝固）、それら神話素の相互的緊張の減退ではない。神話的なものとは――それは〈詩作されるもの〉であり、あるいは〈詩作されるもの〉こそが神話的なものである――、その形象化［configuration］ないしはその形象化可能性［figurabilité］における、実存そのものである。このような理由から、詩は、実のところ、実存の――実存をめざした――挙措なのだ。ベンヤミンの語彙を尊重するならば、詩は、生の形象なのだ。同じことであるが、生は、本質的に、詩的なものなのだ。それは、生が「詩的なものとなしうる［poétisable］」からではなく（詩的なものとすることは、何よりも神秘化、すなわち神話論であるだろう）、詩の〈詩作されるもの《ディクタメン》〉——それは決して、何らかの詩ではないが、とはいえ詩から切り離しうるものでもない——が、生に口述筆記《ディクテ》させるからである。

ここで、〈詩作されるもの《ディクタメン》〉とは、勇気である。おそらくそれは、あらゆる指示された＝口述筆記されたもの《ディクテ》の〔によって〕〈詩作されるもの《ディクタメン》〉、あらゆる詩《ポエム》の〈詩作されるもの《ポエマティック》〉であるだろう。文学一般の〈詩作されるもの〉。いずれにせよ、ベンヤミンはそのことについて考えていた。

一見したところ感性の要素と諸理念の要素であるように見えるものをすべて、原理的に無限な本質的諸機能の総体として現出させる法則は、同一性の法則と呼ぶことができる。この同一性の法則でもって表されるものが、諸機能の綜合的な統一である。そして諸機能のこの綜合的な統一は、そのつど個別的な形姿においては、詩のアプリオリとして認識されるのである。〔……〕これ以上に論を進めるためには、その前にまず、ここに述べた方法が抒情詩一般に関する美学に——おそらくはさらにもっと広い領域にも——適用可能である、ということを検証しなければならない。その検証がなされてはじめて、個々の詩のアプリオリとは何か、詩一般の、ある

（35）〔訳注〕トーマス・マン「フロイトと未来」、『トーマス・マン全集』、第九巻所収、新潮社、一九七一年。
（36）〔訳注〕Benjamin, *GS. II-1*, S.107；二七三ページ。

いはその他のさまざまな文学創作《ディヒトゥング》というジャンルのアプリオリとは何か、さらには、そもそも文学創作《ディヒトゥング》一般の、アプリオリとは何かが、明らかにされうるのである。(37)

〈詩作されるもの〉は、ここでは勇気、すなわち「詩人の勇気」である――いまのところは、この慎重な位置づけを保持しておこう。

ベンヤミンの論証を再構成することが私の意図するところなのではない。むしろ――いくぶん味気ない仕方になってしまうことをお許しいただきたいが――その原理を提示するだけにしておきたい。彼の論証がきわめて複雑であるのに反して、その原理は比較的単純だからである。

「詩人の勇気」は、当初、神話論的なトポスであった、とベンヤミンは指摘する。つまり、この詩の初稿において、ヘルダーリンによってそのようなものとして扱われているのである。神話論的なトポスとは、固有の意味において英雄的で、神々と人間たちの仲介者あるいは媒介者としての詩人（ほぼ同時期の他のいくつかの詩では、詩人が半神として語られており、まさしくこの主題に、ハイデガーは、もっぱら注目することになる）、したがって、自らの課題もしくは任務を遂行するために最高度の危険に立ち向かう詩人、というトポスである。ベンヤミンの判断――というのも、批評は、判断にかかわる事柄だからである――によれば、トポスの単なる反復は、それだけでこの詩の脆弱さを説明するものとなっている。人間と神的なものとの関係（あるいは詩人が自らのモデルとして引き合いに出す詩人と神との関係）は、慣習的取り決めの範囲を超えるものではないし、また、運命の本質（すなわち実存への死の書き込み）も、真の意味では把握されていない。詩の初稿は、世界に形象を付与しえていないのである。

この初稿でヘルダーリンが詩の対象としているのは、ひとつの運命、すなわち詩人の死である。彼は、死へと赴くこの勇気のさまざまな源泉を歌にしている。この死は、そこから詩人の死の世界が発現してくるべき中心をなしている。この世界におけるあり様が、詩人の勇気なのであろう。しかし、この稿では、詩人の世界から射してくるこの法則性の光は、このうえなく注意深い予感をはたらかせてやっと、感じ取られるにすぎない。詩人の死がひとつの宇宙の没落を意味する、そのような宇宙を歌おうとする声が、まずはじめに、おずおずと立ちあがる。だがここでの神話は、むしろ、神話論から形成される。太陽神が詩人の祖先であり、そしてこの太陽神の死ぬことが運命であり、その運命のうちで、鏡面に映されたようにしてはじめて、詩人の死は現実のものとなる。〔……〕彼の詩はギリシアの世界に生き、ギリシア的なものを擬した美によって生命を与えられ、そして、ギリシア人たちの神話論によって支配されている。しかしギリシア的な形姿化という個別的な原理は、純粋な展開をみるに到っていないのである。

（37）〔訳注〕*G.S. II-1*, S.108；二七五―二七六ページ。

「というのも、歌が安らかな息吹を発しつつ　死すべき唇から
　身を引き離してこのかた、苦悩にあれ幸福にあれ役立ちながら、
　　我らの調べが　人間たちの心を
　　　喜ばすようになってこのかた……」

これらの言葉には、かつてピンダロスの心を――そしてピンダロスとともにヘルダーリンの心を――満たしたあの畏敬の念、詩人的なものの形姿に対する畏敬の念が含まれてはいるものの、それはただきわめて弱々しく含まれているにすぎない。このように見ると、誰に対しても「優しさを傾ける」「民の歌びと」もまた、この詩にひとつの直観的な世界基盤を与えるのには役立っていない。この詩のどの要素をとっても、二元性が克服されぬままになっているのだが、この二元性は、死にゆく太陽神の形姿にもっとも明瞭に表れている。この神の形姿に対峙しつつ、牧歌的な自然が、いまだなおその個別的な役割を演じているのだ。言い換えれば、美は、まだ完全には形姿となっていないのである。(38)

これに対し、第二の稿では、没する太陽、没落、夕暮れといった神話論的要素が放棄されている。それとともに、媒介者にして、民の歌びととしての英雄という神話論的要素も放棄されている。ここでのベンヤミンの直観によれば、第二の稿は、神話論的なものを解体しつつ、逆説的に神話的なもの

を強化しているのである。そして、我々はそれを知っているのだが、この神話的なものによってベンヤミンは、〈詩作されるもの〉を考えようとしていた。〈詩作されるもの〉が、その真理において現れるのは――勇気の本質への到達が果たされるのは――、神話論的なものの崩壊の果てにおいて、すなわちまさにその失墜の地点においてに他ならない。ベンヤミンは「神話論的なものの廃位」という言い方をしている。のちにアドルノは、やはりヘルダーリンについて、そしてハイデガー的な注釈に抗して、「脱神話論化」という言い方をする。このような神話論的なものの失墜は、明らかに、必ずや神学的なもののある種の失墜を伴うことになる。いずれにしてもそれは、ある種の神学‐政治的なものの解消を伴うことになる。この点については、あとでまた触れることにしたい。

神話論的なものの廃位とは、断固たる挙措である。それは、客観性と具体的なものの獲得の方向をめざす。すなわち、技法上は、ある種の字義化、散文性の方向、雄弁や古代風のパトスの文章法から逃れる方向をめざすのである。それは神聖化の諸々のステレオタイプを放棄する方向である。ひとつだけ例をあげるならば、冒頭の二行の改稿である――しかしながら、これについて、ベンヤミンはほとんど強調していない。初稿では、次のように記されている。翻訳ならぬ転写は、ガンディヤックによるものである。

（38）［訳注］*G.S. II-1*, S.109-110；二八四―二八七ページ。

おまえには、すべての生者たちが近しい関係にあるのではないか？
パルカたちが、みずからおまえに仕え、養ってくれるではないか？
Ne te sont donc apparents tous vivants ?
Ne te nourrit, pour son service, la Parque même ?

ここには、まさに、パルカたち〔ローマ神話の運命の女神、ギリシア神話のモイラに相当する〕、死を前にしての絶対的服従、あらゆる死すべき者たち（「生者たち」）の共同性といった、死の伝統的なトポスがある。これに対し、第二の稿では、次の詩句を読むことができる――そのリズムに変更はない。

おまえは、あまたの生者たちを知っているのではないか？
おまえの足は、絨毯のうえを歩むように、真なるもののうえを歩むのではないか？
Ne te sont donc connus nombreux vivants ?
Sur le vrai ne va ton pied comme sur un tapis ?

「すべての生者たち」が「あまたの生者たち」に置き換えられ、「近しい」が「知っている」に置き換えられている。それは客観化への第一歩であり、そこでは「死すべき者たち」という抽象化がはじめて断念され、「生者たち」がはじめて（「知っている」者たちとして）規定されている。その結果、二行目においては、パルカという名を参照することが放棄されると同時に、神話論素が字義的に言い表される。「あまたの」運命の糸が、死の、あるいはむしろ死者たちの絨毯のようなものとして織りなされる。つまりそれは、死すべき者たちの宿命が織りなす絨毯、まさしく、たえず我々が踏みつける、死すべき存在の真理という絨毯である。あるいは、それは死、といってもその真理における死ではなく、真理としての死である。そして、第二の稿においては、この真理への到達が成し遂げられるために、勇気によって〈詩作されるもの〉が、突然、力の限りをもって、現出しうるのである。その論証の終盤において、ベンヤミンはあっさりと、勇気について、次のような新たな規定を述べる――ヘルダーリンを最後まで読み通すことを受け入れさえすれば、この規定はありうべきもっとも正しい規定であることになるだろう。

初稿の〈詩作されるもの〉は、勇気を、ただ特性としてしか知らない。そこでは人間と死とが互いに対峙しており、両者とも硬直していて、両者はいかなる直観的世界も共有していない。〔初稿も〕たしかに、詩人のなかに、詩人の神的-自然的な存在のなかに、すでに、死に対する深い関係を見出そうと試みてはいた。だがしかしその試みは、神の媒介によるただ間接的なものでしかなく、そこでの死は――神話論的に――神に特有のものであり、詩人は――これまた神話論的に――そのような神に近づけられていた。［……］人間と死という二元性は、ただぼんやりと、しまりのない生の感情のうえに安らうことしかできなかった。〔最終稿においては〕〈詩作されるもの〉がより深い結合関係へと統合され、ひとつの精神的基盤――すなわち勇気――がそれ自身のうちから生を形姿化したために、この二元性は存続しえないものになった。勇気とは、世界を脅かしている危険に身を委ねることをいう。この勇気にはある特別な逆説が隠されており、この逆説からみたときにはじめて、これら二つの稿のそれぞれの〈詩作されるもの〉の構造が十全に理解されることになる。すなわち、勇気ある者にはつねに危険が付き纏ってはいるが、にもかかわらず、彼はこの危険を気にとめない。というのも、もし彼が危険を気にとめるようなら、彼は臆病であるということになるだろうし、また、もし彼にいつも危険が付き纏っていないのなら、彼は勇気ある者とはならないからだ。この奇妙な関係は、危険に脅かされているのは勇気ある者自身ではなく、世界の方なのだ、ということによって解消される。勇気とは、危険に身を委ね、そのことを通じて、自らの死において、危険を世界の危険へと拡大し、同時にこれを克服する、そのような人間の生の感情のことである。(39)

そしてほんの少し先では、

死せる英雄の世界とは、危険が飽和状態に達したひとつの新しい神話的な世界であり、まさにこれこそが最終稿の世界にほかならない。この世界において、ひとつの精神的原理が支配的なものになったのである。すなわちそれは、英雄的詩人と世界との一体化という原理である。

詩人はあらゆる関係の中心を生きるがゆえに、死を恐れる必要がなく、まさしく英雄なのである。〈詩作されるもの〉一般の原理とは、関係の専一的支配である[40]。

精神的原理（この語は二度繰り返されている）、関係の至高性。勇気によって〈詩作されるもの〉は、（詩的）英雄志向《ヒロイズム》と世界の危険のあいだの相同を証し立てる。あるいは両者のあいだの「相応しさ」を。第二の稿の末尾では、「しかし我々自身が／相応しい手をもたらす」と述べられている。ここにこそ、神話論的なものの、さらに言えば神学的なものの失墜の地点がある――「神話論的なもの」と「神学的なもの」が、ともに、諸々の「要素」の分離と「関係」の拒絶において成り立っているとすればであるが。最後になってベンヤミンは、最終稿の第三連を注釈し、そこから「死すべき者たちと天上の者たちのヒエラルキーの廃棄」を引き出しつつ、こう力説している。「孤独な獣という言葉は人間たちのことを意味していると推測することができるが、このことは、この詩の表題と実によく呼応している。臆心［Blödigkeit：愚直］、いまや、これが詩人の本来的な態度となっているのである。生の中心に移し置かれたことにより、詩人には、不動の存在、つまり勇気ある者の本質であるところの十全たる受動性以外には何も残されない。すなわちそれは、関係性に完全に身を委ねるということである」[41]。

（39）［訳注］G.S. *II-1*, S.123；三二一―三二三ページ。
（40）［訳注］G.S. *II-1*, S.124；三二二ページ。
（41）［訳注］G.S. *II-1*, S.125；三二五ページ。

神話論的なものの（神学的なものの）失墜、さらに正確に言えば、その「脱構築」を問題にすることもできるだろうと思われる。それは、ハイデガーが最初にこの語に与えた意味における「脱構築」〔＝破壊：Destruktion〕なのだが、当のハイデガーは、ヘルダーリンの後期の詩において、どれほどまでに「脱構築」の営みが作用しているかということを理解していなかった。それに対しベンヤミンは、「脱構築」という概念を用いることはなかったものの、そのことを理解していた。すなわち、どれほどまでに「脱構築」がヘルダーリンの後期の詩を脱作品化している〔désœuvrer〕かということを、である。この「脱構築」の動機を、ベンヤミンは、きわめて確固たる仕方で、冷醒さという原理のうちに見出している。それは、ヘルダーリンが、ソフォクレスの翻訳に関する『註解』において、近代詩の主導原理として提示している原理である。彼はその原理を、言うなれば、近代詩にその固有の課題を指示《ディクテ》するものとして提示している。ベンヤミンは、試論の末尾において次のように記しているが、その政治的な、政治的という以上の射程の全体は、認識していただけるであろう。

> この詩を特徴づけるのに「冷醒さ」という言葉がふさわしいと思えることが、これまでの考察のなかで何度もあったが、この言葉は意図的に回避されてきた。というのも、ヘルダーリンの用いる「聖なるまでに冷醒な」という形容は、理解がはっきりとなったいまこそ持ち出すべきだと思われるからである。よく言われているように、この言葉には後期ヘルダーリンの諸々の創作の傾向が込められている。後期ヘルダーリンの創作は、ある内的確信をもって特有の精

神的生のただなかに身を置くのであり、この言葉はそのような内的確信から発せられたものなのである。そしてこの精神的生は、それ自体において神聖であり、崇高におけるいっさいの高みの彼方に（*jenseits aller Erhebung im Erhabnen*）あり、だからこそ、そこでは「冷醒さ」ということが許され、また必要とされてもいるのだ。一体この生は、なおもギリシア的精神の生といえるのだろうか？　まったくそうではない。それは、純粋な芸術作品の生が、そもそも何か民族の生などではありえず、また何らかの個人の生でもなく、〈詩作されるもの〉のなかに見出される固有な生以外の何ものでもないのと同様である。[42]

事態を十分にはっきりさせるために、次の箇所も引用しておこう――それは最後の一節である。

〈詩作されるもの〉についての考察は、神話に行き着くことはない。そうではなく、この考察は――もっとも偉大な作品においては――、ただ、芸術作品のなかにあって、それ以上は接近して把握することのできない、非神話論的ないし非神話的な比類なき形姿として形成されている神話的結合関係に行き着くにすぎない。

しかし、最終稿の源となったあの内的生と神話との関係を総括する言葉があるとすれば、そ

（42）［訳注］*G.S. II-1*, S. 125-126；三二八ページ。

れは、この詩よりもさらにあとの時期に属するヘルダーリンの次の言葉であろう。「数々の伝説は大地より遠ざかり［……］再び人の世へと立ち戻る」[43]。

言い換えれば、ここには、失墜しつつある［en défaillance］神学‐詩作的なものに何らかの神学‐政治的なものを引き寄せるための、いかなる手段もない。また、〈詩〉あるいは〈讃歌〉のいかなる歴史的《イストリアル》任務もない。周知のように、冷醒さとは、数年後に、ベンヤミンが、イエナのロマン主義に関する博士論文において、散文と同一視することになるところのものである。そこでベンヤミンは、フィヒテから借りてこられた思弁的な用語で、「〈詩《ポエジー》〉の〈理念〉は散文である」と述ることになる。そしてまさにこの理由から、彼は、ヘルダーリンをロマン主義の秘密の——中心から逸らされた——中心と見なすのである。したがって、碑文的簡潔さをもって、敢えてこう言うことができるかもしれない。すなわち冷醒さ、それは詩作の勇気である、と。あるいは、詩作の勇気は、散文である、と。当然のことながら、このことは、いかなる韻文化［versification］をも排除するわけではない。

詩作の勇気。このことは、二つの異なった仕方で理解する、あるいは強調することができる。一方で、問題となるのは、主格的属格である。勇気とは、この場合、詩作それ自体のための詩作の勇気、詩作のための詩作の勇気である（それを詩作の粘り強さと呼んでおこう）。また、〈詩作されるもの《ル・ポエマティック＝ディクタメン》〉の発見において問題となっているのは、詩作することそのものとしての原‐倫理のごときものである。

すなわち、詩とは、原-倫理的な行為なのである。これは、ロマン主義者たちが「反省」と呼んでいたものの次元の問題であり、さらに言えば、ある程度までは「詩作の詩作」という——ハイデガー的な——次元の問題である。ここでの「詩作の」という被制辞は、純粋な自動詞性の被制辞である。ベンヤミンの読解に従うならば、詩作の勇気とは、神話論的なものから離れ、決別し、それを脱構築することを言う。詩作の勇気とは、詩《ポエジー》を創出し、〈詩〉を、それが証言であるようなものとして形象化する勇気なのである。それゆえ、ジャン゠クリストフ・バイイがそう呼ぶところの「〈讃歌〉の終焉」以後においては[44]、詩作の運命は、実際、詩が〈詩〉について「真なることを言うこと」としての、散文となるだろう。

他方で、問題となるのは、目的格的属格である。勇気とは、詩作〔するということ〕が他動詞的な〔預言的あるいは天使的な〕機能において保持しなければならない勇気であり、それによって、詩作は、世界の危険と対峙し、果たされるべき課題を告げるのである。そのとき、倫理的な行為は、〈詩〉そのものというよりは、むしろ、〈詩〉が課題として指示しているところのものであるだろう。倫理と異なり、原-倫理は、善なるものが何であるかを知らない倫理である以上、もはや問題は、原-倫理の次元にはないのかもしれない（私は、ラカンがセミネールの第七巻『精神分析の倫理』において発してい

（43）〔訳注〕*G.S. II-1*, S. 126；三二九—三三〇ページ。
（44）〔訳注〕Jean-Christophe Bailly, *La fin de l'hymne*, Paris, Christian Bourgois, 1991.

る言説のみならず、[45]ハイデガーが『ヒューマニズムについての書簡』において発している言説をも踏襲しつつ、この倫理と原-倫理の区別を提示している）。あるいは、次のようにも言えるだろう。原-倫理は、我々が知っている限りもっとも古くもっとも破滅的な、範例の（ミメーシス的）倫理から身を引き離すということを責務としている、と。もしかすると、この責務は果たすことが不可能であるのかもしれないが、しかし、それこそが原-倫理の通約不可能な責任のすべてなのである。ここでの範例の（ミメーシス的）倫理とは、英雄崇拝のことである。そこには、詩作という殉じること［martyre］から詩人という殉じる者［martyr］への換喩《メトニミー》的な横滑りがある。思い出しておきたいのだが、第一に、ヘルダーリンは詩人の詩人であり、詩作の詩人であり、［……］第二に、ヘルダーリンは、ドイツ人の詩人である限りにおいて、詩人の詩人であった。一方から他方の命題への移行において、「詩作の詩人」が忘却されていた。ひとつの政治全体が、そこで、決せられていたのである。

「詩作の勇気」という語句におけるこのような格変化や力点の置き方の差異によって、性急にも、ベンヤミンとハイデガーの分かれ目が線引きされていると考えてはならない。たとえ、イデオロギー的かつ政治的な（ということは同時に哲学的な）領域において、当面は、事態が完全に明白で、また両者の差異がこのうえなく截然と際立たせられているとしてもである。実のところ、両者において――しかし確実に異なった仕方で――、自動詞性と他動詞性は、互いに侵食しあっているのである。そして、両者においてそのつど問題となっているのは、詩作が、自らを詩作として証し立てつつ証言するところのもの、すなわち、自らを真なるものへの関係において、あるいはその真理を言うことにおいて証し立てつつ、証言するところのものなのである。殉じることへの——近代的な——使命？　勇気そのもの？　その通り。ただし、失墜に応じつつである。その通り。ただし、最終的に、そこで証言されているのが、ヘルダーリンの言っていたように、「〈神〉の欠如」なのだということ、あるいは——同じことだが——我々の無-神論的な条件なのだということを認めたうえでのことではあるが。

以上は、ベンヤミンへのある種の挨拶であるとご理解いただきたい。可能な限りつつましく、そして、感謝にみちた挨拶であると。

（45）［訳注］Jacques Lacan, *L'éthique de la psychanalyse. Le séminaire de Jacques Lacan VII*, Paris, Seuil, 1986 ; 『精神分析の倫理（上・下）』、小出浩之・鈴木國文・保科正章・菅原誠一訳、岩波書店、二〇〇二年。

後　記

「ペロケ講演」には、発表後の質疑応答というものがない。そのように決められているからなのだが、この規則はそれなりに頷けるものである。とはいえアラン・バディウと私のあいだには、その後の意見交換が禁じられていたわけではないのであり、実際それは、一九九三年六月二十三日の晩にも行なわれた。この意見交換は、バディウの言うところの「詩人たちの時代」（ペロケ講演の際にもこれが示唆されていた）をめぐって、それに先立つこと数年前から着手されてきた対話ののちに、実現したものであった。ところで数日後に、アラン・バディウから手紙が届き、そのなかで彼は、自らの反論の原則を正式に示してきた。とはいっても、それは本当の意味での反論だったわけではないのだが。彼の主張の要点を引用しておきたい。

> 詩の内在的な演算《オペレーション》が、すでにヘルダーリンにとって、さらに言えばとりわけ彼にとって、神話の至高性の（あるいは諸々の聖なる名の）樹立では断じてありえず、反対に、それらの抹消であることが判明するとすれば、その場合、神話素は、詩に内在的にそなわった所与なのではなく、すでに、詩に対して暴力を振るう思弁的我有化なのです。したがって、君は、私が「縫

合」と名づけている当のものを「神話素」と名づけているのではないでしょうか。というのも、私は、縫合というものを、つねに、ある意味でロマン主義以降の詩のいくつかの側面――それらは一面的に切り離され、隔絶されているのですが――に接木された、哲学の演算《オペレーション》として思い描いてきたからです。そして私は［……］、この演算《オペレーション》が最終的に行き着く先が神-学-政治的なものであるという意見に、同意するつもりです。

結局のところ、私にとっても君にとっても（もし間違っていたら言ってください）、肝心なのは三〇年代を思考することなのです。この試みに関して（その核心はナチズムを政治として思考することにあるのですが）、「縫合」と「神話素」という二つの概念は、特異な由来をもったものなのでしょうが（そしてその由来は両者において同じものではありませんが）、収束は可能であり、さらにはほぼ確実なのではないでしょうか。

この点について、付け加えたいことはただ一言しかない――だが、ご理解いただけると思うが、私はそれを、是非とも付け加えたいと望んでいる。すなわち、二つの概念の収束は、単に可能であったり、ほぼ確実だというだけでなく、まさに現実のものである、と私には思われるのである。

エピローグ　国民社会主義の精神とその運命

本稿は「マリエンバードでのフライブルク文化討論会［*Freiburger Kulturgespräche in Marienbad*］後援のもとに組織された「ポストモダンと根本＝原理主義——意味論的－政治的新前線［*Postmoderne und Fundamentalismus — Neue semantische und politische Frontstellungen*］というコロックの際に、ブラスガウ・イム・フライブルクで一九九五年五月十二日になされた講演原稿である。この討論会の共同責任者で現代社会問題研究所［*Institut für Soziale Gegenwartsfragen*］のミカエル・ヒルシュが、私のハイデガー研究（特に『政治という虚構』）から出てくるいくつかのテーゼを是非ともとりまとめてほしいと依頼してきたのである。また私の発表の通訳を、即興で、引き受けてくれたのも彼である。この場をかりてお礼申し上げる。このバージョンは、何箇所かの修正を加え、*Les Cahiers philosophiques de Strasbourg*, t. V, Université Marc Bloch Sciences humaines（Strasbourg II）, Département de Philosophie, 1997 に発表されたものである。

私の出発点をなす仮説とは、国民〔＝国家〕社会主義は常軌を逸した現象であるとか理解不可能な現象ではいささかもなく、完全に厳密な仕方で、ドイツのいわゆる「精神的な」歴史の一環をなしているというものである。ただ歴史的‐哲学的解釈のみが、国民社会主義のその本質に、言い換えれば、今世紀前半の類似の現象（便宜上、これらを「全体主義」と名づけることができる）のなかで国民社会主義を特異なものとし、例外たらしめているものに、到達させてくれるのである。

しかし、この仮説はこの仮説で、今度は、ハイデガーの政治思想の解明〔explicitation〕を拠り所とし、またそれとの対決〔explication〕を拠り所とする。ここではハイデガーはナチの思想家〔un penseur nazi〕としてではなく（ただし短い期間であったとはいえ、ナチの思想家でもあった）、彼が認めるとともに隠しもしたことだが、国民社会主義についての思想家〔le penseur du national-socialisme〕と見なされている。

「ハイデガーは国民社会主義についての思想家である」という命題が何を意味するかというと、それはハイデガーが国民社会主義の思考されざるもの、一九三五年に彼自身が「〈運動〉の偉大さと内的真理[1]」と呼んだものを、おそらく彼だけが、思考しようと試みたということである。しかし、ここではなにひとつ自明ではない。なぜなら、第一には、このハイデガーの試みが途方もなく困難なものであった――そしてそうでありつづけてもいる――からであり（そしてまた、国民社会主義の思考されざるものが、おそらくハイデガー自身の思考されざるものにとどまっているのだということを十分に考慮しなければならない）、第二には、国民社会主義の思考されざるもの、あるいはその本質に達するまでの、突破ないしはその突破の試みにおいては、国民社会主義という現象についてのもっぱら政治的であったり、歴史的であったり、あるいはもっぱら哲学的であったりするような（ましてやイデオロギー的な）解釈のことごとくが前もって拒まれているということが前提とされるからである。言い換えれば、ハイデガーの政治的教説は完全に暗号化《クリプト》されているのである。つまり、それはいわゆる政治的教説ではなく、またそれを聴き取る〔了解する〕ためには、政治的なものの彼方へと――あるいはむしろ手前へと――我々は一歩踏み越えなければならないのだが、この政治的教説は、政治的なものを、それ自身としては少しも政治的ではない自らの本質の方に向かって踏み越えるようにと促す。思考自身の一歩であるこのような一歩は、『存在と時間』の基礎的存在論によって踏み出すことを強いられた一歩よりも、さらに大胆な一歩である。それにまた、この基礎的存在論の試みは、国民社会主義からの「退去［retrait］[2]」――とはいえ（教職におけるそれは別として）まったく相対的な退去なのだが――の準備が問題であったまさに一九三四―三五年に、放棄されたのである。

退去の論理は、周知のように、奥深く入り組んだものである。いかなる退去においても、そこから退去しようとしている当のものが痕跡を引きなおしながら立ち戻ってくる［se retracer］からである。政治的否認は、ファシズムの有無を見極めるための試金石である。それは、三〇年代とそれに続く時期――さらには晩年に到るまでも――ハイデガーの言説のなかで間違いなく働いている。ところで、この否認をなんらかの、少なくとも一九一八年以来の「保守革命」の平均的なイデオロギーにおいて、実際ありふれたものになっている、なんらかの非政治主義もしくは反政治主義（民主主義についての極左の言説における「アンチ」という形においてはなおさらだが）と混同してはならない。政治的なものの否認は、ハイデガーにおいては、政治的なものの本質もしくは起源、私が原‐政治と呼ぶことを提案しているものの名においてなされているのである。一九四五年の敗戦ののち――これが戦後初めての公的活動であったのだが(3)――ハイデガーは、原‐倫理、すなわちエートスの根源的理解の名におい

（1）［訳注］一九三五年の講義「形而上学入門」のなかでハイデガーが述べた言葉。〈運動〉はナチズムの運動を指すとされている。本章訳注9も参照。

（2）［訳注］具体的には、ハイデガーが一九三三年から一九三四年にかけてのナチへの政治加担ののち、フライブルク大学総長職を退き、政治の表舞台から撤退（退去）した事実を指す。また、「退去」の論理はラクー＝ラバルトの長年のテーマの一つで、彼がジャン＝リュック・ナンシーと共同主宰した「政治的なものに関する哲学研究センター」の活動の成果として出版された二冊の本のなかの一冊のタイトルは『政治的なものの退去』である（この本の最後に掲載されているテクストは、ラクー＝ラバルトとナンシーの二人の署名のある「政治的なものの〈退去〉」である）。

（3）［訳注］ハイデガーは、戦後の非ナチ化政策によってドイツ国内での教職活動を禁止されていたが、彼の公的活動の再開は、フランス人のジャン・ボーフレとの往復書簡がきっかけとなった。ハイデガーの『「ヒュー

て、倫理（ヒューマニズム）を告発し、同様に、国民社会主義への応答として――これはもちろん彼がなんらかの応答責任を引き受けていたということになる――、ひとつの原‐政治を思考しようとした。すなわち、一九三五年に彼が述べているように、ポリスはいかなる種類の「政治」も指し示してはいない。「政治」という語には、彼はつねに括弧を付しているのであって、これに対しポリスという語は、*Sein*［存在］の*Da*［現＝そこ］を意味しているのである。[4] そして一年後に、ハイデガーは、制度の、あるいは、真理の（アレーテイアの）定立《テーゼ》の始源をなす諸様態のうちに、芸術作品、至高の存在者の近さ、真正なる供犠（これはおそらく、カントロヴィッチが言っていた「祖国のために犠牲になること」[5]である）、そして思考による問いかけとともに、ポリスの、つまり国家の建設を位置づけることになる。[6]

ハイデガーの「政治的」位置をやはり決定すべきであるならば、以上の理由から、私は、原‐ファシズム（これは同年代にバタイユを告発する決め手となるとブルトンが思い込んだ「超‐ファシズム」と、見まごうばかりに似ているにもかかわらず、別の性質のものである）[7]について語ることが許されるだろうと考える。

こうした条件のもとで、国民社会主義の思考されざるものについて、ハイデガーの原‐ファシズムは何を思考させてくれるだろうか。

（断っておきたいのだが、これから私が提示しようとしている命題は、極端に図式的なものになるだろう。これらの命題は、実は、長い詳細な分析を前提としているが、ここではそれを繰り返しているわけにはいかない。あらかじめお許しを乞うておきたい。）

一、国民社会主義とは、西洋におけるテクネーの歴史の完成、より正確に言えば、テクネーの歴史としての西洋の歴史の完成である。

マニズム」に関する書簡』は一九四六年十一月十日付のボーフレの手紙に対するハイデガーの返信（同年十二月）をもとにしたテクストであり、一九四七年にスイスのベルンで出版された。

（4）［訳注］一九三五年の『形而上学入門』に出てくる表現を指す。「ポリスは国家とか都市国家とか訳される。これは十全な意味を言いあてていない。むしろポリスとは、そこにおいて、またそのようなものとして、現存在が歴史的なものとして存在する、そういう場所［die Stätte］であり、現＝そこ［das Da］である。ポリスは歴史の場所であり、現＝そこである。すなわち、そのなかで、そこから、それのために、歴史が生起する場所である」（*Ga. Bd. 40, S.* 161；一七三ページ）。この箇所については、以下におけるラクー＝ラバルトの分析も参照のこと。*La fiction du politique*, p. 33；『政治という虚構』、三六ページ。

（5）［訳注］エルンスト・カントロヴィッチの一九五一年の論文の題名。« *Pro Patris Mori* in Medieval political thought » in *Selected Stuies*, J. J. Augustin, 1965；『祖国のために死ぬこと』、甚野尚志訳、みすず書房、一九九三年。

（6）［訳注］「芸術作品の根源」の有名な一節への言及。「真理によって空け開かれた存在者のなかに真理が自らを設置する本質的な仕方の一つは、真理が自らを作品のなかへ据えることである。真理が本質化する別の仕方は、建国の行為である。真理が輝きに到るさらに別の仕方は、端的にあれこれの存在者ではなく存在者のなかでもっとも存在者であるところのものの近さである。真理が自らを根拠づけるさらに別の仕方は、本質的な供犠である。真理が生成するさらに別の仕方は、思索者の問うことであり、これは存在の思索として存在をその問われるべき尊厳において命名する」（*Ga. Bd. 5, S.* 49；六四―六五ページ）。

（7）［訳注］本書第三章「詩作の勇気」、一六六ページおよび訳注を参照。

第一次世界大戦の直後におけるヨーロッパの反動思想のありふれた基本前提のひとつとして、近代が技術の時代として規定されるということがある。それを嘆こうが、その挑戦に対して応酬を試みようがである。ハイデガーが二十年以上ものあいだ、彼には時代を画するものと思われたユンガーの『総動員』と『労働者』という二冊の著作に強く執着したこと[8]、あるいは「惑星的に規定された人間と近代の技術の出会い」について語りつつ、「〈運動〉の（「この運動の」、に訂正される）偉大さと内的真理[9]」ということで彼が一九三五年に何を意味していたかを、事後的に、五〇年代初頭になってまでなおも語りえたということは、いささかも偶然ではない。数々のファシズムについてのもっともラディカルな観点からすれば、労働と生産（あるいは人間の自己生産）についてのマルクス的存在論は、新時代についての来たるべき思考のほんの初期段階にしか有効ではないのである。すなわち、〈技術〉は〈労働〉の真理なのである。

「〈運動〉」の知識人やイデオローグによって作られた「ニーチェ主義」には一瞬たりとも同意していない（一九三五年から一九四一年まで、彼はニーチェの（形而上学の）脱構築に、彼の教職活動のもっとも大きな部分を割いてさえいる）ということもあるが、やはりハイデガーを他から分かつものとは、テクネーの解釈において彼が成し遂げようとしている「後方への歩み[10]」である。その歩みは、学問から知（*das Wissen*）——この語でもって彼は一貫してテクネーというギリシア語を翻訳している——へと遡るばかりではない（この動きなら、結局のところは、すでにして思弁的観念論の本質をなすものであった）。それだけではなく、「芸術」についてのより普通に受け入れられている意味からすれば、彼が目指しているものとは、ひとつの原－テクネー、つまり、プラトンとアリストテレスからヘーゲルとニーチェに到る「西洋の美学」全体の脱構築を彼に強いている当のものなのだ（一九三六年の講義「芸術としての力への意志」は、この点に関して明瞭である）。一九三四－三五年の「退去」は、ハイデガーを「芸術作品の根源」の方へと導き、その結果、私が国民美学主義と呼ぶところのものとして(11)の、国民社会主義の真理を生み出すことになった。このことだけでも、国民社会主義の「不十分さ」

（8）［訳注］エルンスト・ユンガーの『総動員』(*Die Totale Mobilmachung*)と『労働者　支配と形態』(*Der Arbeiter. Herrschaft und Gestalt*)は、それぞれ一九三〇年と一九三二年のテクスト。ハイデガーは一九四五年に執筆した「総長職、事実と思想」("Das Rektorat 1933/34. Tatsachen und Gedanken", in *Ga. Bd. 16*, S. 372-394)において、刊行直後から私的なゼミナールでこれらの著作を講読し、「それらのなかで、どれほどニーチェの形而上学の本質的理解が表明されているかを明らかにしようとした」ことを証言している。一九三九－四〇年の冬学期にも、再び、ハイデガーはユンガーの『労働者』を講読し、このゼミナールの記録はハイデガー全集の第九〇巻として刊行予定である。またその後もハイデガーは、ユンガーの還暦記念論集への寄稿論文（「線について」、一九五五年、のちに「存在の問いへ」と改題して刊行され、『道標』に所収）において、二つの著作を批判・検討している（"Zur Seinsfrage", in *Ga. Bd. 9*, S. 385-426；四八三－五三〇ページ）。

（9）［訳注］ハイデガーは戦後になって三〇－四〇年代の講義録のいくつかを刊行する。一九五三年の『形而上学入門』はその第一弾であるが、刊行に際してハイデガーは、何箇所かの書き換えを行なったとされている。この箇所もそのうちのひとつである。ハイデガーはここで、「［ナチズムの］〈運動〉」を「この運動」に訂正し、さらに「（惑星規模で規定された技術と近代的人間との出会い）」と補足したことが知られている（*Ga. Bd. 40*, S. 20；二二一ページ）。本章訳注1も参照のこと。

（10）［訳注］"Die Herkunft der Kunst und die Bestimmung des Denkens", in *Denkerfahrungen*, S. 135-149. また以下も参照されたい。*La fiction du politique*, p. 166；『政治という虚構』、二一一ページ。

（11）［訳注］『政治という虚構』第七章「国民美学主義」を参照のこと。

を示唆するのに十分である。

二、国民美学主義という概念（私はハイデガーの読解によってこの怪物的表現を余儀なくされたのである）は、操るのが難しい概念である。ハイデガー自身が、*Gestell*［立て集め］（技術の本質）と*Ereignis*［生起］（自己固有な到来としての存在）との関係について用いたひとつの表現手段を使用するならば、多少ともうまく現像された一枚の写真が、そのネガに対応しているように、国民美学主義は、芸術と「政治的なもの」（あるいは歴史的《イストリアル》なるもの）についてのハイデガーの思考に対応していると言うことができる。ただこの場合、［ネガという言葉を用いることで］なにかネガティヴなものの方を指し示してしまうのは、行き過ぎというものである。ともあれ、国民社会主義が国民社会主義でしかないのは、それがひとつの美学にではなく、美学そのものに――すなわち芸術の美学的理解に――囚われているからである。あるいは、手短に、こう言った方がよければ、国民社会主義が、ヴァーグナーの轟音でもって、ヘルダーリンの声を覆い隠し、その声がかき消されるに任せてしまったからである。

三、ヘルダーリンへの、いわば独自の言及を除くとき、ハイデガーの創作的《ポイエティコ》‐政治的《ポリティック》プログラムは、ロマン主義のプログラムとみまごうばかりである。といっても、ロマン主義のなかに、ベンヤミンがそうしたように、「伝統を救出する」[12]ことに執着する最後の近代的な――したがって革命的な――運動を認めるならば、の話だが。これがまさに「保守革命」なのだ（ただし、忘れてはならないのだが、ナチス体制下でハイデガーが参与した唯一の出版は、エルネスト・グラッシがヴァルター・フリードリヒ・オットーおよびカール・ラインハルトとともに編集した、多少なりとも体制に対立的な雑誌――この雑誌はいずれにしても二回しか配本されなかった――『精神的伝承』である)[13]。それにまた、ニーチェを経由しての、とりわけ『反時代的考察』の歴史に関するくだりを経由しての、ロマン主義に対する根強い執着さえも見られるのだが、ハイデガーは、そこから身を引き離すのにひどく時間を要してしまった（そのためには、技術についての講演、そしてとりわけ一九五五年のユンガーへの書簡「存在の問いへ」を待たなければならなかった）。

これらのうちでも主要な執着、もっとも頑強な執着は、ヘーゲルからよりもニーチェから多くを借

(12)　〔訳注〕一九一七年六月のショーレム宛ての書簡より。「じじつロマン派は、伝統をもう一度救出しようとした最後の運動と言える。この時代、この領域にあっては時期尚早だったその試みは、伝統の秘密の泉という泉をナンセンスなまでに底抜けに溢出させ、全人類のなかへ遮二無二注ぎ込むことを、狙いとしていた。」Walter Benjamin, *Gesammelte Briefe*, Band 1, Suhrkamp, S. 363；『ヴァルター・ベンヤミン著作集』、第一四巻（書簡I）、野村修編集・解説、晶文社、一九七五年、八三ページ。

(13)　〔訳注〕『精神的伝承』（*Geistige Überlieferung*）はエルネスト・グラッシが編集に携わり、神話学者ヴァルター・フリードリヒ・オットーと古典文献学者カール・ラインハルトの協力のもと、ヘルムート・キュッパー社から出版された雑誌。ハイデガーは、この雑誌の第二号（一九四二年）に「プラトンの真理論」（のち『道標』に所収）を発表している。これに関しては、ラクー＝ラバルトの論じ方とは対照的ではあるが、ヴィクトル・ファリアスの『ハイデガーとナチズム』、山本尤訳、名古屋大学出版会、一九九〇年、三〇二ページ以下が参考になる。

りた *Gestalt*〔形態、形姿〕という概念が作り出す執着である。この執着は――それが切込み、描線、痕跡すなわち *reißen*〔引き裂く〕、*Riß*〔裂け目〕、等々の語彙と絶えず干渉しあっているがゆえに、たしかに複雑な仕方で――、*Bilden*〔形成すること〕（*Bild*〔像、形象〕、*Bildung*〔形成、教養〕、*bildende Kraft*〔形成力〕あるいは *Einbildungskraft*〔想像力、構想力〕）すなわち「イメージ」の彼方において、あるいは手前において、芸術作品の本質を思考させてくれる。まさしくこの芸術作品の主題をめぐって、ハイデガーは、一九三六年にはじめて、*stellen*〔立てる〕と *stehen*〔立つ〕の、すなわち真理の定立の全様式の統一性を示すために、*Gestell*〔立て集め〕という語を敢えて用いたのである。[14] このモチーフはきわめて重要である。なぜならそれは、自らとともに、造形ないしは虚構／形象化（*plassein*〔造形する〕、*fingere*〔作る、捏造する、形象を思い描く〕）、形成陶冶、打刻（*Schlag*〔打撃〕）――ニーチェの「ハンマー打ちで哲学する」――、そして *Geschlecht*〔*schlagen* されたもの：性、種族、世代、家系〕、刻印、印刷、ギリシア語で言うならば類型〔type：ギリシア語ではテュポス〕といった諸価値、いわば反形式的あるいは「反形相的」な諸価値を巻き込んでいるからである（だが *Geschlecht* に関しては、ハイデガーのトラークル読解をめぐるジャック・デリダの読解へと送り返しておきたい。この語は、種、類、人種、家族、家系、血統、そして性も意味するのであって、その意味論的変移には底知れぬものがある）。こうした理由から、私はハイデガーの原‐ファシズム的存在論を、彼の言い回しのひとつを模して、存在‐類型‐論〔onto-typo-logie〕と定義することを提案した――これは、ユンガーのなかで、したがってまたニーチェのなかで、ハイデガーが脱標記《デマルケ》するに到った、あるいは境界画定《デリミテ》するに到った当のものである。ハイデガーは、その存在‐類型‐論が、実際、「生物学主義」と「人種衛生学」の「真理」であり、それが最終的には〈殲滅〉のプログラムの正当化であったことを、認めるのに応じなかった。(15)

ファシズムの憑依は、事実、形象化の、*Gestaltung*〔形態化〕の憑依である。そこで問題なのは、ひとつの形象を建立すること（これは、ニーチェが考えたような、記念碑作成という本来の意味での彫刻家の仕事である）であり、それと同時に、そのモデルにしたがって、一類型の人間ではなく、人類という類型もしくは絶対に類型的な一人類を産出することである。哲学的観点からすれば、要するに、諸範例の模倣（ミメーシス）にもとづいた古風《アルカイック》な、すなわち英雄的かつ貴族的な育成についてのプラトン的批判――『国家』の政治的企図を開始させるような――を転倒させることが問題なのである。『存在と時間』の〈歴史〉に関する節において述べられているように、現存在が自らの歴史的《イストリアル》な可能性

（14）〔訳注〕*Ga. Bd. 5*, S. 51；六七ページ。また、「定立《テーゼ》」およびギリシア語の「テシス」に関しては、一九五六年に執筆された「芸術作品の起源」の補遺を参照のこと。そこでハイデガーは、「真理を作品のなかに据えること」と言う場合の、「横たえる」「立てる」「据える」の統一的な意味を思索しなければならないとしつつ、こう述べている。「〃立てる〃を我々は、テシス〔定立、措定、非隠蔽的なもののなかに創立すること〕の意味で思索しなければならない〔……〕。ギリシア語での〃据える〃は、例えば立像を生じさせることとしての立てることを言い、奉献物を横たえること、供えることを言う」（*Ga. Bd. 5*, S. 70；八九―九〇ページ）。これらについては、ラクー＝ラバルトが論文「タイポグラフィー」（« Typographie », in *Mimesis des articulations*, Paris, Aubier-Flammarion, 1975）の第二節「碑〔La stèle〕」において詳しく分析している。

（15）私はここで、ジャン＝リュック・ナンシーと私が『ナチ神話』において展開した分析へと立ち戻ることはしない。*Le mythe nazi*, La Tour-d'Aigues, Éditions de l'Aube, 1991.

を開きうるのは、伝統のうちで、自らの「英雄たち」を選ぶ――このことは決断に属している――ことによってである。[16] 一九三三年の『総長演説』においては、このようにして選ばれた英雄は、神の死の預言者ニーチェであった。数カ月後には、――ここには「退去」の、そして、ある意味では「政治的なものについて語ること」[17]を少しも必要としないところにまで高められた「政治的」言説の明瞭な開始の徴しがある――ヘルダーリンが英雄になる。すなわち、ヘルダーリンは、〔神々と人間との〕媒介者としての詩人ないしは半神であり、彼が（まさしく芸術の本質である）詩作の詩人であるのは、彼が「ドイツ人の詩人」である――あるいはそうでなければならない――からにほかならないのである（ドイツ人はヘルダーリンに対していまだに、いわば「負債を負っている」はずであり、したがってドイツ人として生起していないということ、これだけで、再度強調しておくが、国民社会主義の不十分さを示すには十分なのである）。

四、ほんの少し領域がずれると、この〔形象化の〕憑依は神話の憑依ということになる。脱聖性化と「脱魔術化」の――下劣な〔immonde〕――世界〔monde〕、（マックス・ヴェーバー流に言うと *Entzauberung*〔脱魔術化〕。この領域は、ドメニコ・ロスルドが見事に示しているように、[18]「保守革命」の圏域とそれほど離れてはいない。だが、それをよりラディカルに言い表したのはハイデガーである。*Entgötterung*〔脱神格化〕、すなわち神を-欠いた〔a-thée〕世界）においては、初期ロマン主義と「ドイツ観念論最古の体系プログラム」以来のモットーは、「新しい神話」のそれである。ヴァーグナーの『ニーベルンゲンの指輪』と、ニーチェの『ツァラトゥストラ』は、このプログラムを完成させることしかしなかった。それが意味するのは次のことである。すなわち、神学‐政治的権威もしくはカトリック的（普遍的）キリスト教団を生じさせた、*imitatio Christi*〔キリストのまねび〕の、あるいは *imitatio sanctorum*〔聖人のまねび〕の時代が終焉し、政教分離の共和国――それはつねに、半ば政教分離であって、例えば聖別された皇帝たちには至上の〈存在〉[19]が宿っている――が信用を失い、とりわけ最初の世界的破局〔第一次世界大戦〕ののちに、啓蒙の破産が宣告されるや、人々は、共同‐存在にあらためて意味を付与し、それを組織化させる唯一のチャンスとしての神話（このことは、ソレルに見られるようなゼネスト神話[20]についても言うことができる）に訴えるのである。

きわめて図式的に、もう一度述べておこう。カトリック教会の普遍性の崩壊は、一方で普遍性の約

(16)〔訳注〕『存在と時間』、第七四節。
(17)〔訳注〕本書第三章「詩作の勇気」、一五四ページを参照。
(18)〔訳注〕Domenico Losurdo, *La comunità, la morte, l'Occidente. Heidegger e l'ideologia della guerra*, Torino, Bollati Boringhieri, 1991 ; tr. fr. Jean-Michel Buée, P. U. F., 1998.
(19)〔訳注〕「至上の〈存在〉」と訳したのは、l'Être suprême である。フランス語では、le Suprême Architecte などと同様に、一般には「神」を意味するが、フランス革命の文脈では、一七九四年にロベスピエールが非宗教的崇拝の記念祭として挙行した「最高存在の祭典」も、la fête de l'Être suprême である。
(20)〔訳注〕ジョルジュ・ソレルの『暴力論』（岩波文庫、上巻一九三三年、下巻一九三三年）への言及。ソレルによれば、「ゼネスト」という暴力の遂行形態は、「神話」すなわち社会計画のイメージ全体を無媒介に実現するために遂行されねばならない。

束（人権）、他方で国民国家という形での国民共同体の再建（市民権）という、この両者のあいだの矛盾として近代の政治的なものを生み出したのであるということを、十分考慮しなければならないのである。フランス革命の帝国主義的輸出は、国民戦争の時代の幕開けとなった。その戦争は、フィヒテの予告した諸国民の戦争であり、ニーチェの語った哲学原理間の戦争（ニーチェ主義対マルクス主義）と結びついたためにより一層強力なものとなった戦争であった。今世紀には、いたるところで、新しい人間とは、一民族の、さらには一人種の人間ということになり、また「永遠のロシア」（カエサル主義的であれツァーリ主義的であれ）が、プロレタリア・インターナショナリズムを――その警察的バージョン（共産主義インターナショナル《コミンテルン》）はもちろん別として――迅速に一掃してしまうことになった。

神話は――ハイデガーの語彙で言えば *die Sage*［伝承、説話］は――、このように、民族存在、すなわち「民族性［popularité：民衆性］」に根源的に結びついているものとして考えられたという限りでしか、再生することがなかった。神話は、諸民族の原詩（*Urgedicht*）である。これが意味しているのは、あらゆるロマン主義的政治にとって、民族は神話から出発してしか組織されず、民族として存在せず、自己同一化、自己固有化《アプロプリエ》されることがない――つまり、固有の意味で自己自身になることがない――ということである。ヘルダー、ヘーゲルあるいはハイデガーがヘロドトスの「ギリシアに自らの神々を与えたのはホメロスである」という言葉を繰り返すとき[21]、彼らはまさにそのことを言おうとしているのである。先に言及した模倣的《ミメティック》論理あるいは模倣論《ミメトロジー》によれば、神話とは自己同一化の手段である（この考えは、晩年のフロイトと晩年のトーマス・マンに到るまで、たとえ彼らがこの考えを［晩年に到るまで〕何度も練り直したという複雑な事情[22]はあったにしても、依然として強力である）。そして、神話への呼びかけは、要するに生産手段の我有化《アプロプリアシオン》よりも一層決定的であると考えられた自己同一化の手段の我有化への要求なのである。

五、やはりこの点に関しても、ハイデガーの思考は、少なくとも、一般化されたロマン主義の思考よりは繊細かつ手が込んでいる。ハイデガーは、〈ミュトス〉と〈ロゴス〉を素朴な仕方で対立させるというようなことは、〈党〉の「思想家たち」（ベルトラム、クリークあるいはボイムラー）に任せておく。また、ニヒリズムへの返答として、かつシュペングラーの言うところの没落への返答として、「二十世紀の神話」を規定するというようなことは、ローゼンベルクに任せておく。ところが、（形而上学全体にまで広がった）ニヒリズム概念についてのハイデガーによる徹底《ラディカル》化と、芸術の本質についての彼による規定（周知のように、*Dichtung*〔詩作〕、*Sprache*〔言語〕、*Sage*〔伝承、説話〕というふうに連続する）の根底には、ひとつの似かよった論理がみられる。したがって、ヘルダーリンへの彼の呼びかけの根底にもそれがみられるのである。

（21）〔訳注〕本書プロローグ、四五―四六ページおよび訳注を参照のこと。
（22）〔訳注〕フロイトとトーマス・マンの神話と自己同一性／反復をめぐる議論に関しては、「グンドルフ賞受賞のことば」（『他者なき思想――ハイデガー問題と日本』、浅利誠・荻野文隆編、藤原書店、一九九六年）、三〇二―三〇三ページに、より詳細な説明を読むことができる。

このことから、ハイデガーは、近代における芸術の政治的賭金が何であるかを理解させてくれるばかりではない。彼は、芸術、テクネー——つまり彼にとっては原-テクネー——が近代政治の賭金であるということも理解させてくれるのである。彼が言っていることというのは、夢遊病者のごとくナポレオンとニーチェを反復しながらゲッベルスがフルトヴェングラーに答えたことの真理、すなわち真の芸術家、もっとも高度な意味で造形する芸術家とは政治家であるという真理である(23)。もう少しハイデガーの通じている領域に近づけて言えば、「競技者の身体(主観的契機、ヴィンケルマンに由来するこの言い回しはヘルダーリンにも存在する)(24)」、言語のうちで名指され、あるいは大理石によって象られた万神殿《パンテオン》(客観的契機)、そして都市(主観的-客観的契機)という三項によってヘーゲル的に規定されたギリシア的芸術作品の真理である。

しかし、実のところ、このような仕方で彼が実際に何について語っているかといえば、それは、ドイツの運命の真理についてなのである。

六、近代の政治的なものが、自己を創設することの困難さのうちにおいて開始したのは、フランス革命とともにではなく、ハイネとマルクスが推測したように、宗教改革(キリスト教の徹底化《ラディカル》、つまり無-神論の徹底化《ラディカル》)とルネサンス(古代人の模倣)とともにである。どちらの場合にも、打撃を受けたのは、その受け方には違いがあるにしても、教会としてと同じく帝国としての、ローマである。しかし、本来ロマンス語圏に属していた諸国家がラテン的本性のなかに囚われつづけ(フランス革命は、共和制の偉業を繰り返しているのであり、また、古代への回帰は、フランスにおいてもイタリアにおいても、ギリシア人をヘレニズム的かつローマ的に模倣するというフィルターをかけられている)、そして、これらの国家において、神学‐政治が解体したにもかかわらず、カトリックは相対的にその活力を保ったままだったのに対し、かつてのローマ帝国の境界線《リメス》(25)――これはルター主義の境界をなしていたし、今でもなしている――の向こう側にあった、多少とも互いに混ざりあった諸民族、すなわちタキトゥスの『ゲルマニア』、それにクライストの『アルミニウスの戦い』(26)の諸民族の場合には、事情が異なっている。それはフロイトが語った「うまく改宗されなかった」者たちの場合である。(27)ローマ帝国滅亡以来のキリスト教時代全体に対して、ヘーゲルが「ゲルマン的世界」という洗礼を授け、し

(23)〔訳注〕ゲッベルスよりヴィルヘルム・フルトヴェングラーに宛てられた一九三三年四月の公開書簡、あるいはゲッベルスの小説のなかの表現「政治は国家の造形芸術である」を踏まえている（Joseph Goebbels, *Michael. Ein deutsche Schicksal in Tagebuchblättern,* München, F. Eber, 1933, S. 21）。

(24)〔訳注〕「競技者の身体」については本書プロローグ、二二ページを参照のこと。

(25)〔訳注〕リメスは、ローマ帝政期に設けられた帝国国境。ドミティアヌス帝の時代以後、ブリタニア、ゲルマニア、ヌミディアなどの地方に建設された石壁、柵、堀、土塁などを指す。ここでラクー＝ラバルトが言及しているのは、ライン川上流とドナウ川上流を結ぶ地域に築かれた防柵リメス・ゲルマニクス、あるいはより象徴的に、ローマとゲルマニアの境界線のことである。

(26)〔訳注〕原題は *Die Hermannsschlacht*〔ヘルマンの戦い〕で、一八〇八年の戯曲。ヘルマンは、アルミニウスのドイツ語名。アルミニウスに関しては、本書第二章「詩、哲学、政治」、一四五ページおよび訳注を参照。

(27)〔訳注〕ジグムント・フロイト「人間モーセと一神教」のなかの言葉。「今日ユダヤ人憎悪の点で抜きん出ている諸民族はみな、歴史時代もだいぶたってから初めてキリスト教徒になったのであって、しばしば血の強

かもゲルマン的神聖ローマ帝国が存在したにもかかわらず、これらの民族は、政治的に自己同一化された民族としては、すなわち文字どおりの国民としては、*Weltgeschichte*［世界史］へと帰属することが決してなかった。ドイツの精神的歴史——それは実在しもすれば、ドイツの歴史そのものでもある——それが示すもの、それは、ドイツ（ハイデガーが言っていたように、詩人たちの、思索者たちの祖国、あるいはスタール夫人の言葉によれば「すぐれて形而上学的な民族[28]」の祖国）には自己同一性が欠けているということである。「ドイツの窮乏［*die deutsche Not*］」は、ドイツが実在しないというただひとつの内容しかもたない。実は、これこそがドイツ芸術の哀調を帯びた本質ないしはそのメランコリックな精髄を規定しているのである（この主題に関してはトーマス・マンが『ファウストゥス博士』の時期に執筆した決定的なページがある[29]）。

　近代における政治的同一化は、ニーチェがギリシア人に対して用いた言葉の意味において、ひとつの厳しい闘争《アゴニスティク》を前提としており、それを巻き添えにしている。自己同一化の諸手段の我有化において問題になるのは、ヴィンケルマンが言うような恐るべきダブル・バインドを伴った、「模倣的競合」である。「我々は古代人を模倣しなければならない。だが、今度は我々を模倣不可能なものにするためである[30]」。少なくともそれは、ドイツ的闘争が、ラテン型、つまりローマ型の「模倣《イミタティオ》」であるイタリアもしくはフランスの文化的帝国主義と一線を画していなければならないと、表明することであった。一九三一年にボイムラーが書いているように（『哲学者にして政治家ニーチェ』）——ただし、彼だけがこのように言ったなどということはまったくない——「ドイツは世界史のなかでは偉大なドイツとしてしか実在しえない。ドイツには、ヨーロッパの反ローマ的威力たるか、しからずんば存在しないという選択しかない。［……］ひとり北方ドイツのみが、もはやローマの植民地ならざるヨーロッパの創造者たりうるのである。つまりヘルダーリンとニーチェのドイツがあるのである」(31)。この観点からすれば、ドイツは、たしかに、急進化された文化闘争の場であったのであり、そこにあったのは、周知のように、比類のない使命《デスティナシオン》の起源とモデルとして自己を発明しようとした、伝統によって伝承された古代とはまったく別の古代、まったく別のギリシアだったのである。

これが、今世紀への曲がり角において、ニーチェ主義が伝播したものであり、歴史的狂乱のなかで、「政治の美学化」としてのファシズムのみならず、「総合芸術作品」としてのナチズムの政治的なもの

制によって信仰にかりたてられた事実を忘れてはならないであろう。彼らはすべて〝うまく洗礼を施されなかった［schlecht getauft］〟のであって、薄いキリスト教のメッキをはがせば、彼らは相変わらず野蛮な多神教を信仰していた先祖と何ら異なるところがなかったといえよう」（『フロイト著作集』、第一一巻、高橋義孝・生松敬三他訳、人文書院、一九八四年、三四一ページ）。

（28）［訳注］「形而上学的な民族」については本書第三章「詩作の勇気」、一六五ページの原注を参照のこと。

（29）［訳注］一九四五年五月二十九日の講演「ドイツとドイツ人」（『ドイツとドイツ人』所収、岩波文庫、一九九〇年）を指す。

（30）［訳注］『絵画および彫刻におけるギリシア作品の模倣についての考察』（*Gedanken über die Nachahmung der griechischen Werke in der Malerei und Bildhauerkunst*, 1755）のなかの言葉。

（31）アルノ・ミュンスター、『ニーチェとナチズム』（Arno Münster, *Nietzsche et le nazisme*, Paris, L'Harmattan, 1995）からの引用［Alfred Baeumler, *Nietzsche, der Philosoph und Politiker*, 1931, Leipzig, Reclam, S. 183］。

の創設をもたらしたところのものなのである。「政治の美学化」というだけなら、せいぜいイタリアオペラどまりということになってしまっただろう……。

七、この闘争は、ハイデガーにおいては、三つの根本的なモチーフを要請している。締め括りとして、それを列挙するだけにとどめたい――それらを検討しようとしたら、あまりにも遠くまで連れ出されてしまうだろう。

a *Heimatlosigkeit*［故郷喪失］（あるいはバレスからモーラス、またそれ以降のフランスの極右思想の語彙に翻案すれば「根こぎ」[32]）のモチーフ。一九四六年にハイデガーが言っているように、問題なのは、ヨーロッパの根本的な歴史的《イストリアル》経験である。ニーチェは、ハイデガーによってニヒリズムの囚われ人として指弾されているが、彼は、この歴史的《イストリアル》経験を最後まで経験することができなかったのであり、ただひとり――もちろんヘルダーリンを除いて――マルクスだけが、その時代を疎外（*Ent-fremdung*［疎遠なものへと‐脱すること］、疎遠なものに‐なること）の徴しのもとに位置づけることによって、この歴史的《イストリアル》経験を思考することができたのである。

この観点からすると、数々のファシズムとは、ロシア風に解釈されたマルクス主義の場合と同じく、近代の全般化された異郷化［dépaysement］、すなわち産業と〈資本〉とによってたかだか一世紀間に組織された、千年にもわたる歴史をもつ農民たち［paysannerie］の強制移送に対する、ひとつの返答にすぎなかったことになる。ハイデガーは、それを知ろうとは欲しなかったが、彼はまたそれ以上のことを知ってもいるのである。

b　西洋の運命の（ギリシア的）始源の偉大さの *Wiederholung*〔取り戻し、反復〕のモチーフ。ただし、この偉大さが文字どおりには生起しなかった――思考されざるものの論理――という、また、それゆえに「我々の」〈歴史〉の将来あるいは来たるべきものを形成するのであるという限りでの、取り戻しのモチーフ。実際、『反時代的考察』の第二論文に由来するこのモチーフは、ポール・ド・ラガルドにも見出される。「あなた方は、眼と心とを新しい事物の方に向けるが、私は、息をするたびに、過去のなかに生きている。その過去は、いまだかつてあったことのない過去であり、私が希求するところの唯一の未来である」（「高鳴る山羊の歌」でボート・シュトラウスがこれを引用している）[33]。あるいは、シュテファン・ゲオルゲの「サークル」に名を連ねていた者たち、例えばホフマンスタールは、本来的な歴史から「生じたことのないもの」の物語《レシ》（ベンヤミンならば、この定式に署名を添えることができたであろう）を作りあげる。とはいうものの、ハイデガーは、模倣《イミタティオ》の手前へと、一歩の踏み越えを行なう。その一歩とは、諸々の全体主義における大衆芸術性と帝国的記念碑性の脆弱さ、さらには悪趣味《キッチュ》を明らかにする一歩である。一九三六年の芸術についての講演のなかに、ギリシア神殿や

（32）〔訳注〕オーギュスト＝モーリス・バレスには、後期の代表作の一つとして、『根こぎにされた人びと』（*Les deracinés*, 1897）がある。

（33）〔訳注〕「高鳴る山羊の歌〔*Anschwellender Bocksgesang*〕」は、一九九三年二月八日発行の『シュピーゲル』誌に掲載された劇作家ボート・シュトラウスの論文。作家、歴史家、哲学者、ジャーナリストを巻き込んだ論争を引き起こした。

ヴァン・ゴッホの靴の例[34]があるが、人々はそれを大いに皮肉くり、くどくど議論してきた。しかし、彼らは、これらの例と、ハイデガーがヴァーグナー的企図に対して行なった完膚なき批判とを、関連づけた方がよかったのだが。

c　神学‐政治論的モチーフ。ハイデガーがヘルダーリン的教説のなかに――あるいは彼がのちに語ることになるように、*Heldensaga*〔英雄伝説〕ならぬ *Sage*〔伝承、説話〕のなかに――求めているものとは、新しい神の約束である。「かろうじてただ神のようなものだけが我々を救いうる〔*Nur ein Gott kann uns retten.*〕[35]」。これが、ご記憶のことと思うが、ハイデガーの遺言とされた言葉なのである。「実存論的」喪失への嘆き、再開始への訴え、「福音的〔＝良き知らせを述べ伝える〕」詩への聴従、これらは――救世主的ユートピアから非常に遠くて近い――ひとつの希望を構成し、形成する。そこに垣間みられるのは、――キリスト教に対してしか世俗のものではない――、諸々の「全体主義」の基底部にある、政治的宗教の復権である。あるいは、お望みなら、単に宗教の復権、と言ってしまってもよいだろう。ただし、それはまた別の問題なのだが……。そしてそれは、検証なしには言い切れないことでもある。

（34）〔訳注〕Heidegger, *Ga. Bd. 5*, S. 42-43, 45-46；五七、六〇ページ。
（35）〔訳注〕*Ga. Bd. 16*, S. 671；「シュピーゲル対談」、『形而上学入門』所収、三八九ページ。

形象への抵抗、抵抗としての形象

——『ハイデガー　詩の政治』解説にかえて——

西山達也

本書はフィリップ・ラクー＝ラバルト著 *Heidegger — La politique du poème*, Éditions Galilée, 2002 の全訳である。著者のラクー＝ラバルトについては、すでに数冊の訳書やインタビュー等もあり、また本書「はしがき」において彼自身が自らの仕事を簡潔に整理しているので、この場で多くを付け加える必要もないだろう。そこでの説明にもあるとおり、これまでの彼の「哲学的」活動の主要な部分はハイデガーをめぐるものであり、そのハイデガーとの対決に終止符を打つべく著した、彼の思考の集大成とも言うべき著作が本書なのである。

この位置づけに関して二点だけ補足しておきたい。第一点は、彼のもう一冊のハイデガー論『政治という虚構』(*La fiction du politique. Heidegger, l'art et la politique*, Paris, Christian Bourgois, 1987 ; 浅利誠・大谷尚文訳、藤原書店、一九九二年)との関連である。名実ともに彼の主著とも呼びうるこの著作は、いわゆる八七—八八年の「ハイデガー事件」を背景として広く読まれ、ラクー＝ラバルトの名声を決定づけるものとなった。本書では、八七年当時にはテーゼの形で提示されるにとどまっていたものが、読解という形で余すところなく展開されている。例えば本書では、『政治という虚構』の最終章において「原《アルシ》-ファシズム」という語とともに投げ出されていた感のある「原《アルシ》」のロジックが、詩の原-政治という一点に集約され、徹底的に掘り下げられている。それは、政治の表舞台から退去したハイデガーが読解しはじめ、そして終生読解しつづけたヘルダーリン――そこにラクー＝ラバルトはハイデガーの原-政治を見る――を読み直すという作業でもある。本書はこのヘルダーリン読解の作業を推し進めたという意味で、ラクー＝ラバルトの深化された思想的核心を示す著作となっているのである。

　補足すべき第二点は、ラクー＝ラバルトの「哲学以外」の仕事との関わりである。「はしがき」にも記してあることだが、彼がこれまで行なってきた「哲学以外」の仕事としては、一つには、数々の翻訳作業（ニーチェ、ハイデガー、ベンヤミン、ヘルダーリンなど）と、もう一つには、演劇に関する仕事がある。彼のヘルダーリンへの執着は、翻訳と演劇というこの二つの哲学外の営みへの執着に由来していると言えるだろう。実際に、ラクー＝ラバルトはヘルダーリンがドイツ語に訳したソフォクレスの『アンティゴネー』と『オイディプス王』を舞台用に再翻訳し、共同演出した経験を通して、演劇とミメーシス一般をめぐる多数の論考を執筆してきた。このような確信に満ちた執着が、単なるハイデガー論という枠には収まりきらない本書の肥沃さを生み出しているのである。

　本書はこれら二つの軸以外にも、例えば、神話、宗教、政治神学をめぐる問い、バディウとの対決、あるいはアドルノとベンヤミンの扱い等々、数々の経糸と緯糸から織りあげられており、これらを列挙するだけでも、ラクー＝ラバルトの関心の布置が浮かび上がってくると言えるだろう。だがしかし、本書におけるラクー＝ラバルトの議論は、いわば虚焦点へと向かうようにして、あるひとつの問題へと収斂してゆく。それがいかなる問題であるのかを、敢えてひとつのキーワードによって要約するならば、それは「形象」の問題ということになるのではないだろうか。[1]「形象」の脱構築――「脱形象化」（あるいは「散文化」「字義化」等々）への方向性を示すという意味において――、それは本書の中心課題であり、かつまた、ラクー＝ラバルトの全仕事を貫く最重要モチーフである。このことが厳密に何を意味し、どのような帰結をもたらすのかを、以下において、順を追って説明していくことにしたい。

1 「形象」の問題

本書の中心課題が、「形象」の問題とその脱構築をめぐる取り組みにあると言うとき、まずは、「形象」の問題がいかなる問題であるのか、なぜそれを問いに付さねばならないのかを確認しておきたい。

「形象」とは、ドイツ語で言えば Gestalt〔形態、形姿、等々〕、フランス語で言えば figure〔形象、比喩、等々〕のことである。しばしばラクー＝ラバルトは、Gestalt を figure と翻訳することを提案するが、そこには概念操作のうえでの相当込み入った事情がある。例えば、ドイツ語には、Gestalt と似た意味の単語として、フランス語からの外来語の Figur という語もある。フランス語訳者は、これと区別するために、しばしば Gestalt に forme あるいは structure などの訳語をあてることがあるが、ラクー＝ラバルトは、Gestalt がラテン語の figura のドイツ語訳であるという理由から、figure という訳語を提案している。ラテン語の figura は、もともと形、姿、像といった彫塑的な観念を表し――ギリシア語の tupos［刻印］あるいは skhêma［形姿］に相当する――、この語が修辞学的な「比喩形象」の意味をもつようになった（フランス語の figure もこの意味をもつ）のは、さらに時代を経たのちのことである。この figura というラテン語のもとになっている動詞は fingere（作る、形象を思い描く、捏造する、などを意味する）であり、ここからフランス語の fiction［虚構］あるいは feindre［見せかける、ふりをする］などの語が派生する。また、ラテン語の fingere からギリシア語の plassein［造形する］にまで遡るとき（そこからフランス語の plastique［可塑的な、造型的な］が派生する）、ここでの「造型」が、可塑的なものであり、しかし造型である以上、形態化の決定を、創作者の一撃による打刻をも意味することになる。したがって Gestalt あるいは figure は、虚構あるいは仮構として造型されたものを意味すると同時に、形態と形姿として一回的に顕現するものを意味するのである。このような事情から、本書では、「象《かたど》る」

（1）「形象」の問題は、二〇〇三年三月に国際哲学研究院《コレージュ・アンテルナシオナル・ドゥ・フィロゾフィー》の主催で開かれた本書をめぐる「土曜書評会」の場でも、中心的な話題になった。参加者は、アラン・ダヴィッド、ミシェル・ドゥギー、カトリーヌ・マラブー、ジャン・ピエール・ルフェーヴルであった。アラン・ダヴィッドの政治的な観点からの概括的報告は、『政治という虚構』の際にラクー＝ラバルトに向けられた反応を反復するものであり、またドゥギーの詩人の立場からのコメントは、ラクー＝ラバルトの新刊に対するオマージュの枠を出るものではなかったが、ルフェーヴルとマラブーの論評は、それぞれ形象化と脱形象化の側面からラクー＝ラバルトの議論に真摯に答えるものであった。

という造型性の意味と、象られた「形態」という被造形性の意味の二つを含ませるために、基本的に「形象」という訳語を採用したが、場合によっては、形態、形姿などと訳語を変えざるをえなかった。

ところで、Gestalt にして figure であるところの「形象」が問題になるのは、この概念ないしは語が、歴史的コンテクストに強く規定されているからである。これについて、『虚構の音楽』――その副題は「ヴァーグナーの諸形象」である――の序論から引用をしておこう。

ロマン主義を起点としたドイツのある種の伝統［……］の決定的な特徴は、国民共同体を組織するためには形象（*Gestalt*）が必要だと信じる点である。［……］三〇年代のドイツの政治的‐哲学的言説において、ともかくたとえばユンガーやハイデガー、また「保守革命」運動に参加した他の者たちに共通の言説においては、かかる形象とは〈労働者〉（と〈兵士〉、つまり社会的なものと国家的なもの）の形象、さらには〈総統〉の形象であった。しかしこのような呪縛がもっと遠くに、とりわけ「新しい神話」というロマン主義の要請に遡ること（しかしそれだけではない、啓蒙やフランス革命のいくつかの祭典にもこの呪縛は存在している）、また私たちの源泉でありつづける世紀の全体が、『ツァラトゥストラ』のニーチェをも含めて、この呪縛によって貫かれているということ、これらのことは容易に想像することができる。(2)

形象を建立すること、記念碑を作成するということ、これらの造型化の作業が、ひとつの共同体、ひとつの国民、ひとつの人類という類型を産出することの基礎にある。このような「形象」観は、ラクー＝ラバルトによれば、ハイデガーを含めたドイツの保守革命の思想家たちの共通のトポスであって、それはシュレーゲル兄弟をはじめとする初期ロマン主義以来の伝統のうちでプログラムされたものなのである。ロマン主義からハイデガーへというこの歴史的パースペクティヴの前提には、ラクー＝ラバルトが一貫して展開してきた二つの研究がある。ひとつには、初期ロマン派の文学・芸術理論に関する研究――一九七八年のジャン＝リュック・ナンシーとの共著『文学的絶対』[3]――、もうひとつには、ハイデガーへの一貫した取り組みである。ここでは、本書との関連性から、後者に関して、ラクー＝ラバルトの一本の初期論文に注目したい。それは、デリダ、ナンシー、サラ・コフマンらとの共同論集『ミメーシスの脱連接』に収められた一九七五年の論考「タイポグラフィー」である[4]。

1－1 「存在－類型論」

「タイポグラフィー」は、ハイデガーにおける「形象」の問題を扱ったラクー＝ラバルトの記念碑的論文である。そもそもハイデガーにおける「形象」もしくは「形態」の概念は、「芸術作品」や「テク

（2） *Musica ficta. Figures de Wagner*, Paris, Christian Bourgois, 1991, pp. 20-21；一八ページ。

（3） Philippe Lacoue-Labarthe, Jean-Luc Nancy, *L'Absolu littéraire. Théorie de la littérature du romantisme allemand*, Paris, Seuil, coll. « Poétique », 1978.

（4） « Typographie », in *Mimesis des articulations*, Paris, Aubier-Flammarion, 1975.

ネー」の主題と比べれば、周辺的な概念である。だが、ラクー＝ラバルトは「形象」もしくは「形態」の問題に注目する。なぜならこの概念は、ハイデガーとユンガーの関係を考えるうえで決定的な重要性をもつからである。ラクー＝ラバルトが強調するのは、彼らにおける「形象化」の呪縛、とりわけ「労働者」と「兵士」、さらには「総統［Führer：統率者］」の形象への呪縛である。そこで示唆されているのは、言うまでもなくユンガーの著作『総動員』（一九三〇年）および『労働者』（一九三二年）と、一九三三年のハイデガーの政治加担、そしてその後の経緯である。ハイデガー自身も証言しているように、彼は、ユンガーのこれらの著作を、刊行直後から私的なゼミナールで講読し、また一九三九／四〇年の冬学期にも、再びユンガーの『労働者』を扱っている[5]。ハイデガーを惹きつけていたもの、それは、ユンガーの著作のなかで描き出された労働者の「形態［Gestalt］」であった。実際、『労働者』は、「支配と形態」という副題を付されているのである。もちろん、「形態」について語ったのはユンガーだけではなく、シュペングラーやローゼンベルク、ヤスパースでさえもが同じ時期に多様な形態論を展開していた。これら数ある形態論のなかで、ハイデガーはとりわけユンガーの著作に励起されつつ、一九三三―三四年の政治加担へと向かうのである。

ところで、政治加担とそこからの退去ののち、「ニーチェ講義」（一九三六―四〇年）において、ハイデガーは言うなれば正面から、改めて「形態」の問題に取り組むようになる。そして存在忘却の度合いを深める西洋形而上学（あるいは技術文明）を批判してゆく段階になり、名高い Ge-stell［立て組み、立て集め］の概念を考案するに到る。だがここで見落としてはならないのは、彼が最初に Ge-stell

という語を用いたときに、それが「形態」の本質を言い表すためのものであったという事実である。すなわち「芸術作品の根源」（一九三五―三六年）においては、Ge-stell とは、「立てる［stellen］」、「立つ［stehen］」、「据える［setzen］」等々の諸様態の「総体」（Ge-stell の Ge-という接頭辞は、一種の集積作用を意味する）という意味であった。ハイデガーはこう述べる。「作品が創作されたものとして存在するということは真理が形態［Gestalt］のなかに確然と立てられて存在することである。［……］作品は自らを創立し制作する［sich auf- und herstellt］という限りにおいて、立てることおよび立て集め［Ge-stell］として本質化するが、ここで形態と呼ばれていることは、そのような立てることおよび立て集めから、つねに考えられなければならない(6)」。

作品化の本質は、「立てること」および「立て集め」であり、「形態」も、そこから出発して考えられねばならない。このような「立てること」および「立て集め」は、数年間にわたって継続した「ニーチェ講義」において、つねに中心的主題をなしていた。その初年度（「芸術としての力への意志」、一九三六年）に、ハイデガーは、プラトンの『国家』を読解しつつ、ポイエーシスとしての Gestaltung［形態化］および Herstellung［制作］を論じる。その一方で、一九三八年の「世界像の時代」あるいは一九三九年の講義「認識としての力への意志」では、理性の「表象［Vor-stellen］」作用を論じ、存在を存

（5）“Das Rektorat 1933/34. Tatsachen und Gedanken” in *Ga. Bd. 16.*
（6）*Ga. Bd. 5*, S. 51；六七ページ。

在者として主観主義的に「表象」する近代というエポックそのものを批判し始める。戦後になってハイデガーは、Gestalt や Vor-stellen、あるいは動詞 stellen［立てる］に関わるあらゆる行為の本質を意味する概念としての Ge-stell を活用することで、技術批判の地平を新たに開くことになる。「技術論」は、この意味で、ユンガーに対する応答の側面を強くもっていたと言うことができる。

そのような背景のもと、一九五五年にハイデガーは、ユンガーに捧げた論考「存在の問いへ」（『道標』所収）において、彼における形態中心主義な側面を批判するに到る。そもそもユンガーは『労働者』において、労働者のうちにひとつの「形態」を見出していた——ユンガーの念頭にあるのは総動員体制において軍隊的規律に則って行動する、全般化された兵士＝労働者である。労働者はその「形態」のもつ力によって、（「ブルジョア的」）個人主義——ニヒリズムと言い換えることもできる——を止揚する。しかし、なぜ「形態」が「支配」的な力をもちうるのか。「支配」とはユンガーによれば「（総）動員」のことである。「形態」は、すべての「個体」を、鋳型のように鋳造し、それによってすべてを「典型」「類型」あるいは「タイプ」へと包括する機能を持つ。

これに対しハイデガーは、「形態」がすべての「個体」を鋳造する、あるいは「典型」ないしは「タイプ」を刻印するというユンガーの発想のうちに、存在論点な問題点を見出し、警告を発する。ハイデガーが存在と存在者の関係として考えている事柄を、ユンガーは「刻印を押す＝象る＝型取るもの」「刻印を押される＝象られる＝型取られるもの」という二項対立として把握しているのではないか、と彼は推測する。ハイデガーはここに、ユンガーのニーチェ主義的側面を指摘し、それとともに、ニーチェにおいて最終局面を迎える主体性の形而上学、さらには形而上学の源泉にまで遡ってプラトン主義的イデア論と同質のものを見て取るのである。「形態」は、見られた形姿であり、「見相=形相《エイドス》」あるいは「イデア」と同じものである。ハイデガーによれば、イデア論と形態論の共通の本質、共通の根源こそを考察しなければならないのである。その共通の根源とは、ほかでもないGe-stell［立て組み、立て集め］なのである。(7)

ここから、ラクー＝ラバルトの読解が始まる。ユンガーが形態主義的であり、プラトン主義的であるとのハイデガーの「忠告」に関して、ラクー＝ラバルトは次のように考える。ハイデガーがGe-stellと呼んでいるものは、果たしてどれほどまでに「形態」の本質を言い表しているのだろうか。ハイデガーは、「形態」の本質としてのGe-stellから出発して思考し、形態中心主義者のユンガーに忠告を与えているように見えるが、彼には、実のところ、忠告を与えるだけの根拠があったのか。ハイデガーは、ユンガーが依拠する形態中心主義な発想が、プラトン以来の、存在をイデア（あるいはエイドス）とみなす、形而上学の基本的プログラムに則っていると指摘するのだが、当のハイデガーは、果たして形態中心主義をあらかじめ乗り越えていたのだろうか。それをハイデガーは、ユンガーに対して指摘することはできたが、自らに関しては盲目だったのではないか。彼は自らが主張するほど形態中心主義に対して抵抗を示さず、それどころか徹頭徹尾、形態中心主義を貫いたのではないか。あるいは、

（7） *Ga. Bd. 9, S.* 401；五〇一ページ。

それとも、彼は形態中心主義が必然的に失敗せざるをえないということに気付き、自己批判を行なったのか。(8)

ここに到って、ラクー゠ラバルトはひとつの仮説を提示する。その仮説とは、ハイデガーがユンガーに見出している「存在‐類型論」が、実はハイデガー自身にもそのまま当てはまるのではないか、という仮説である。彼は、むしろ、あまりに存在‐類型論的、つまり「形態」主義（゠プラトン主義）的なのではないか。少なくともある時期においては、そしておそらく潜在的には晩年に到るまで、ハイデガーは形態論の語彙を放棄しなかったのである。そのような理由からラクー゠ラバルトは、ニーチェ講義の初年度（「芸術としての力への意志」）の読解に着手する。(9) そこでハイデガーは、プラトンの『国家』を読解しつつ、アレーテイアを「立て塞がれずにあること［Nichtverstelltsein］」と翻訳していた。「立て塞がれる゠偽装される［verstellt］」ことがない、ということはつまり、真正な、本来的な「立てること［Stellen］」のうちに置かれるということであり、それは形態の本質――脱形態化され、純粋に強化された形態――であるところのアレーテイア以外の何ものでもないのである。

注意しておかなければならないのは、この時期のハイデガーが、一貫して、プラトン以来の哲学史における美学プログラムを「脱構築」しようとしていたことである。ハイデガーが「芸術作品の根源」を当初発表したのは、「西洋美学の乗り越え」と題された連続セミナーにおいてであった。しかし、「存在‐類型論」は、乗り越えられるどころか、ハイデガーのうちにあって、乗り越えを阻害することになる。この仮説は、「タイポグラフィー」で提示されたのち、ほとんど変わらずある種の確信として、ラクー＝ラバルトのハイデガー論全体を（そして彼の哲学的考察すべてを）貫くことになる。その後、彼は四半世紀以上にわたって、「存在‐類型論」の帰結について考察しつづけたことになる。本書では、簡潔に、次のように要約されている。

> 存在‐類型論は、おそらくハイデガーにとって、彼の「脱構築」の試みに彼自身が対置することになった最大の抵抗の場であり、その抵抗は、彼の様々な「政治的」執着のすべてに及ぶものだったのである。（三八ページ）

一方でハイデガーは、西洋形而上学の、すなわち現前性の形而上学の壮大な脱構築を企図した。しかし、その脱構築のプログラムは、形態中心主義を脱構築することができなかった。それをラクー＝ラバルトは、単なる「躓き」や「過誤」ではなく、むしろ一種の「抵抗」と見なしているのである。なぜ、「存在‐類型論」は、脱構築に対する最大の抵抗の場になったのか。ハイデガー的な「脱構築」は、いかなる限界をもっていたのだろうか。

（8）«Typographie» の Onto-typo-logie の節を参照。特に p. 184 *sq.* なお、「自己批判」に関しては以下を参照のこと。Philippe Lacoue-Labarthe, « Entretien du 22 juin 2000, avec Dominique Janicaud », in *Heidegger en France II*, Paris, Albin Michel, 2001, p. 202.

（9）«Typographie» の La stèle の節を参照。

1-2 形象＝形態的なものの脱構築

「存在-類型論」は、ハイデガーの脱構築の試みにとって、最大の抵抗の場であった。しかもそのような抵抗の原因が、ハイデガー的脱構築そのものに内在している。それではなぜ、「抵抗」が生じたのか（1）。そしてまた、ハイデガー的脱構築のプログラムが抵抗を内包し、それゆえに貫徹が困難であるならば、もうひとつ別の脱構築の可能性を模索しなければならないのではないか（2）。第一点に関しては、「タイポグラフィー」の時点では問われないままにされていたし、『政治という虚構』においても、問いとしては立てられていなかった。本書においてラクー＝ラバルトは、それを「神話（論）的なもの」の問いと結びあわせて考えているように思われる。また、第二点に関して、ラクー＝ラバルトは「脱形象化」の論理をベンヤミンとヘルダーリンから導き出そうとしている。この二点について、簡単に触れておきたい。

（1）まず第一点に関して。本書のなかでラクー＝ラバルトは、ハイデガーの「存在-神話論」を考察するためのプログラムを素描しているが、彼の「存在-神話論」に関する考察は、「存在-類型論」に関する考察からの延長線上に考えられるべきである。先に見た「形態」の概念と同様に、「神話論[Mythologie]」も、一度はハイデガーが積極的な意味で用いながら、のちになって否認する語彙である。すなわち一九三五年の講義「形而上学入門」では、「始源」を扱う唯一の可能性として「神話学」が喚起されていたにもかかわらず、一九五三年の論文において、ハイデガーは、自らの言う die Sage［説話、伝説、伝承」が、英雄伝説ではない、と述べる。die Sage は、これまでのハイデガーの日本語訳の通例では、しばしば「示言」などと訳されている単語である。たしかに、ハイデガーならば、「言うこと〔das Sagen〕」が、根源的に「示し」、「顕わにする」ことと同義であると説明するだろう。その意味で、die Sageを「示す言葉」、「示言」と訳すのは妥当である。だが、この語が通常のドイツ語においてまず第一に意味するところのものを隠蔽することは、ハイデガーが敢えてこの語を用いたという事実を消し去ることになりはしないか。ハイデガーは、意図してdie Sage〔伝説、伝承〕という語を用いたのであり、それは、ハイデガーがいくら否認しようとも、ギリシア語のミュトスを翻訳した語にほかならなかったのである。

　ところで、このSageという語の含みもつ、「示し」、「顕わにする」という「本来的な」意味は、Gestalt〔形態、形姿〕の根源的な意味と不可分である。すなわち、Gestaltは形姿として現れ出るものであり、また「顕わにする〔Offenbar *machen*〕」というSageの働きは、ある種の作為性、すなわち「形態」のうちに立てる〔stellen〕、あるいは制作する〔herstellen〕という根源的ポイエーシスの働きと不可分だからである。「存在‐類型論」と「存在‐神話論」は同義なのである。

　だが、付言しておきたいのだが——これは訳者の推測にすぎない——、ラクー＝ラバルトは「存在‐神話論」を、「存在‐類型論」より一段階奥深いレベルに位置づけ、ハイデガー的脱構築の前提とさえ見なしているのではないだろうか。つまり、ハイデガー的な脱構築が「存在‐類型論」による抵抗を受けなければならない原因が、まさに「存在‐神話論」にあった、と彼は考えているのではないだろうか。この点については、本書では明確に述べられていない。だが本書のプロローグにおいても、エピローグにおいても、最後に宗教の問いを提出してラクー゠ラバルトは議論を終わらせる。宗教の問いについては、慎重な形で留保が重ねられているがゆえに（本書「プロローグ」の最後の数ページを参照されたい）彼の主張の全体像を把握することは困難である。しかしまた、彼が論証抜きで、ハイデガーの脱構築の限界をこの宗教の問いに収斂させようとしているということも事実である。ハイデガーの「脱構築［Destruktion：破壊］」がルターに由来するという逸話も、ラクー゠ラバルトはしばしば引き合いに出す。また、カトリックからプロテスタントに改宗したハイデガーの信仰問題もある。いずれにせよ、なぜハイデガーが、「技術論」の最後を「思考の敬虔さ」という言葉で締め括ったかということに関わる問題が、おそらく未解決のままなのである。

（2）次に、第二点に関して、つまりハイデガー的な脱構築を貫徹する必要があるのか、あるいは他なる脱構築の可能性を提起する必要があるのかという点に関して、ラクー゠ラバルトは、どのように述べているだろうか。ここでは、ラクー゠ラバルトが本書のなかでもう一箇所、「脱構築」という語を用いている決定的な箇所を引いておきたい。

神話論的なものの（神学的なものの）失墜、さらに正確に言えば、その「脱構築」を問題にすることもできるだろうと思われる。それは、ハイデガーが最初にこの語に与えた意味における「脱構築」〔＝破壊：Destruktion〕なのだが、当のハイデガーは、ヘルダーリンの後期の詩において、どれほどまでに「脱構築」の営みが作用しているかということを理解していなかった。それに対しベンヤミンは、「脱構築」という概念を用いることはなかったものの、そのことを理解していた。すなわち、どれほどまでに「脱構築」がヘルダーリンの後期の詩を脱作品化している［désœuvrer］かということを、である。（本書一九四ページ）

「脱構築」という語を用いる以上、それはあくまでハイデガー的な語彙であるが、それでもハイデガーが理解しえなかった脱構築の意味もある、というのである。それは、神話論的なもの（神学的なもの）の失墜に、最終的地点まで付き随う可能性としての脱構築である。したがってこの語は、すでに、ハイデガーが最初に規定した厳密な意味を通り越して、詩人ヘルダーリンの運命そのものを指し示す言葉へと変容しているようにも見える。ヘルダーリン的な脱構築とは、いかなる脱構築のことなのだろうか。それは、ラクー＝ラバルトが本書において敢えて「脱－形象化［dé-figuration］」と呼んでいるところのものである。彼は、「多分それよりましな言い方がないために」そのような呼称を用いているのだと説明している。あるいはさらに、フランス語の dé-figuration は、ドイツ語の Entgestaltung［脱形態化］へと再翻訳される。défiguration というフランス語がすでにきわめて強いニュアンスをもつ単語であり、曲解を回避するためにこのような翻訳が必要になったものと思われる。また、そもそも、ラクー＝ラバルトは défiguration ではなく dé-figuration と、ハイフンを付している。脱－形象化ということで彼が言おうとしているのは、単に形をゆがめる変形の作用、すなわち別の形象への移行ではなく、「形象の破壊あるいは解体のあらゆる形式、さらに単純化して言えば、形象の希薄化、消失あるいは放棄」であり、それは、彼が、「まずもって字義化〔littéralisation〕の徴しのもとに位置づけておいたところのもの」なのである（本書一三九―一四〇ページ）。

「脱‐形象化」という方向性に関しては、反論もありうるだろう。「形象」は残りつづけるのではないか、あるいは、形象的なものの「執拗さ」こそが問題なのではないか、という反論である。例えばジャン＝リュック・ナンシーは、ラクー＝ラバルトとの往復書簡において、「急いで言ってしまえば、きみはつねに〝形象〟の消去へと向かおうとしているのだけれど〔……〕、わたしは、ある種の形象化〔figuration〕の要請へとつねに引き戻されているように感じている」と述べている(10)。ナンシーにとって、神話の「中断〔interruption〕」――「形象的なものの中断」と言い換えることもできる――とは、「単に終わってしまうことではなく、切断の運動であって、その運動は、切断しつつ、発話の他なる場所を輪郭づける〔tracer〕」のである。また、本書をめぐる書評討論会において、カトリーヌ・マラブーは、素朴な言い方であることを認めつつ、「脱形象化は、解決ではない」(11)との見解をラクー＝ラバルトに突きつけていた。彼女にとって、脱形象化とは、たとえそれが形象の否定ではないとしても、「ともかく形象に加えられた暴力」であり、「供犠」なのであって、形象化の暴力の解決にはならないというのである。

いずれにせよ、問題なのは、形象を建立する暴力に対して、いかにして抵抗するかということなのである。少なくとも言えるのは、ラクー＝ラバルトが、暴力に対して非暴力を対置するような仕方で、形象のゼロ点あるいはタブラ・ラサの状態を考えているわけではないということである。実際、先のナンシーの問いかけに対して、ラクー゠ラバルトは、「形象」に対する自らの警戒が、主として「形象化［figuration］」、つまり演出やスペクタクル化に向けられた警戒であって、あらゆる（作品の）産出に多少なりとも必要不可欠な「純粋な形象的機能」（あるいは図式機能）に関しては、それを否定するつもりもない、と答えているのである。[12] だが「純粋な形象的機能」と「形象化」という二つのレベルが、なぜ区別されなければならないのか。いかにしてそれが区別されるのか。あるいは、いかにして「純粋な形象的機能」の純粋性を確保できるのか。これについて、以下において、別の角度から検討してみたい。

2　形象が言葉をもつとき……

そもそも、以上の議論では、意図的に、Gestalt あるいは figure という語の造形的側面に焦点をあててきたが、フランス語の figure（あるいはラテン語の figura）には、もうひとつの重要な意味がある。それは発話の場としての「形象」という意味である。これをさらに仔細に見ると、発話された語その

（10）Philippe Lacoue-Labarthe et Jean-Luc Nancy, « Scène », *Nouvelle Revue de psychanalyse*. « *La scène primitive* », XLVI, Paris, Gallimard, 1992, p. 74.
（11）マラブーの書評は、「形態の執拗さ」との題で『ポエジー』誌に発表される予定である。
（12）« Scène », p. 80.

ものを言う場合の「文彩」「比喩」の意味と、その発話の場としての「人物像」「作中人物」という意味（この意味はドイツ語の Gestalt にもある）が区別される。ここで問題なのは、「人物像」が言葉をもつとき、いかなる事態が生じるのか、ということである。そもそも、ラクー＝ラバルトが「脱‐形象化」の方向性を打ち出すのは、詩的形象もしくは詩人の形象について論じている文脈においてである。そのような形象としての詩人のなかでも、もっとも詩人的な詩人であるヘルダーリンこそが、「脱‐形象化」の運命に苛まれるのである。ラクー＝ラバルトが、いかなる意味で「脱‐形象化」の方向性を打ち出しているのか、そして先に見たように、なぜ、「脱‐形象化」が「形象」を否定することにならないのかを、以下において、まずはヘルダーリンの詩「追想」をめぐって、次にベンヤミンのヘルダーリン論「フリードリヒ・ヘルダーリンの二つの詩」をめぐって検討したい。

2‐1　散文性

ラクー＝ラバルトが本書の折り返し点ともいうべき第二章においてとりあげるのは、ヘルダーリンの詩「追想［Andenken］」である。いかなる戦略にもとづいて、彼はこの詩篇を選択したのか。まずもって、ハイデガーにとって、「追想」は、単なるヘルダーリンの一篇の詩の題名ではなく、西洋形而上学の根底に留まりつづける（忘却＝隠蔽《レーテー》のうちにおかれた）記憶へのアナムネーシスの方法を指し示すための特権的な語であり、そのようなアナムネーシスの思考を、彼は「追想的思考［andenkendes Denken］」と呼んでいた。このハイデガー的な追想の思考に抗しつつ、今度はアドルノが、近代的なものをめぐる戦いを遂行する。両者の「闘争《アゴーン》」は、「追想」という詩のなかでも、とりわけ異郷化《デペイズマン》の効果に満ちた詩句「褐色の女たち」をめぐるものであった。それが意味するのは、「追想」という詩篇が、ヘルダーリンのフランス滞在の、あるいは亡命の、遠ざかり（Ent-fernung）の詩であるということでもある。そしてここから、問題は、単にヘルダーリンの運命のみならず、同じくフランスに「亡命」した詩人パウル・ツェランの運命、近代における詩人の運命全般へと波及する。『政治という虚構』の最終章「千年の時」は、ハイデガー的な意味での「追想」が、ツェランの詩「トートナウベルク」に対置される形で、なかば宙吊りのまま終結していた。ラクー＝ラバルトは、まさに、ここで開かれた問いを再提起するために、本書において「追想」を扱わねばならなかったのである。

このような数々の導線を辿りながら、ラクー＝ラバルトは脱形象化の要請を考えようとする。それは、別の言い方をすれば、字義化、そして散文化の要請である。ロマン主義の理念を「散文化」の運動のうちに見出し、さらに初期ロマン主義の秘せられた中心としてヘルダーリンの名を挙げたのはベンヤミンであった。ラクー＝ラバルトがヘルダーリンに散文化の要請を読み取るのは、このベンヤミンの示唆にもとづくものである。だが問題なのは、ベンヤミンのみではない。そこには同時に、ハイデガー的な読解への抵抗の意味も含まれているのである。

そもそもハイデガーが、ヘルダーリンの詩の散文性を見ようとせず、あくまでも形象的なものに依拠しようとしたことを糾弾するのは性急である。というのも——これについてはラクー＝ラバルトは議論を省略しているが——、ハイデガーは、一九四三年の講演「追想」の導入部において、この詩の描写の「散文」性をめぐって長々と議論しているからである。この詩の冒頭の詩句（「北東風が吹く……」）が、まずもってハイデガーの眼には「散文的」であると映ったのである。

北東風が吹く。これは天候に関する確認の表明なのか。どうして詩がこれほど「散文的に」始められるのであろうか？　この言葉はおそらく「自然」の描写であるが、もしかすると後につづく「物思い」に対する形像＝比喩的な［bildhaft］縁取りでもあろう[13]［……］。

この一節は、講演の導入部、詩作と現実性に関する前提議論を提示している箇所のなかにある。そこでハイデガーは、「どうして詩がこれほど〃散文的に〃始められるのであろうか？」という問いを発しているのである。しかしながら、すぐ次の文を読めば明白であるように、これはある種の偽りの問い、修辞疑問文にすぎない。「追想」の詩句を文字通り読めば、そのなかでヘルダーリンがフランス（ボルドー）での滞在を歌っていることは明白である。だが、ハイデガーは、ラクー＝ラバルトがヘルダーリンにとって決定的な経験であったと想定しているこのボルドー滞在を、非本質的なものとして、おそらく意図的に切り捨てる。すなわち、「追想」においてヘルダーリンが喚起しているのは、ボルドー滞在の記憶ではなく、むしろその滞在中にヘルダーリンが想起したドイツの記憶だったというのである。北東風とは、ドイツから詩人に記憶を運ぶ風であり、さらには、詩人が「ギリシア〃への［an］〃〃想い［Denken］〃」を寄せるところの風である。[14]東向きのベクトルは、フランスからドイツへ、そしてギリシアへと赴き、さらには、ギリシアを通り越して、さらにその根源に位置するところの「インド人たちのもと」にまで達する。[15]

なぜハイデガーは、散文性を否認するのか。ハイデガーにとって、詩作は、単なる現実になってはならないものである。なぜなら詩作が現実に屈するとき、詩作の、あるいは文学の必要性が確保されなくなってしまうからである。詩作はそれ自身の現実をもち、それ自身の使命をもつのである。それはハイデガーの一九三六年のヘルダーリンに関する講演のタイトルを借りて言うならば、「詩作の本質」である。しかも、ハイデガーが「詩作の本質」に見るのは、単に詩的言語ではなく、根源的には言語そのものと呼んでしまってもよいもの、あるいは「原言語〔Ursprache〕」と呼ぶべきものである。ところで、このような詩作と言語の根源的一致状態には、二重の「危険」が内包されている。つまり一方で、「詩作の本質」が存在の開示に向かい合うという危険、そして他方で、「詩作の本質」が散文化するという危険性である。

〔言語の〕もっとも純粋な本質は始源に詩作において展開される。詩作は民族の原言語である。だが詩的な〈言うこと〉は頽落して、まず真正な、それから粗悪な「散文」となり、そして遂

(13) Heidegger, *Ga. Bd.* 4, S. 85；一二二ページ。
(14) *Ga. Bd.* 4, S. 82-83；一一八ページ。
(15) *Ga. Bd.* 4, S. 83；一一九ページ。

には駄弁となるのだ。(16)

ここでは「原言語」から「駄弁」へと到る不可逆的散文化のプロセスが「頽落」という語によって示され、それが非難されているようにも見える。だがハイデガーの主張はそれほど単純ではない。なぜなら、彼は、その直前の箇所において、言語の危険性を、「そのもっとも根源的な本質規定＝使命[Bestimmung]」であるとしているからである。言語、あるいは詩作の果たすべき本質規定＝使命は、「何か本質的なことを」言うということだけに存するのではなく、その正反対のこと、つまり駄弁と虚偽の可能性にも存しているのである。「耐えぬき難い本質の危険と遊戯的非本質の危険というこの二つの相互抗争する危険の内的に親密な並存は、言語の危険性を至高なるものにまで高める(17)」とハイデガーが言うときに、本質と非本質という対立項、すなわち詩作と散文という対立項は、「内的に親密な」仕方で並存しあうものとして考えられているのである。

ところで、この二重性は、実のところ、ラクー＝ラバルトが本書第二章で示唆している「ねばならない」の二重の要請と対比して考えることができる。ラクー＝ラバルトは、そこで、フランス語の「ねばならない[il faut]」という成句を、ラテン語のfallire［欠ける］とfallere［危うく……する、欠ける］へと遡り、そこから派生したもう一つの動詞falloir［危うく……する、背く］との相即関係のうちに置いている。つまり、「ねばならない」の命法は、つねに「失墜[défaillance]」と「過誤[faillite]」――あるいは「頽落[Verfall]」――の可能性を内包しているのである。また、ラクー＝ラバルトは明示的に言及していないが、語源学的に言えばドイツ語の fehlen［欠ける］あるいは Fehl［欠如］は、同じラテン語の fallere に由来している。ここから、「聖なる名の欠如［der Fehl heiliger Namen］」へと一本の補助線を引くとき、まさにハイデガーが、単に散文化のプロセスに抵抗していたのではなく、むしろ「名」の欠如に――あるいは根源的な命名力の欠如に――抵抗していたのだということが明らかになる。実際、原詩作としての言語、あるいは原言語としての詩作から、ハイデガーは、言語による創設的契機、すなわち「名づけ」の契機を考えようとしているのである。(18)

ここで、脱形象化の問題に議論を戻そう。というのも、脱形象化とは、まさしく「聖なる名が欠ける」ことであり、それは「脱-命名」、すなわち dé-nomination あるいは Entnennung とも言い換えられているからである（本書一四四ページ）。脱-命名とは、ラクー＝ラバルトによれば、「名から永久に退去した、あるいはそこから切除された秘密として、自らを呈示する」「空虚な命名」のことである。晩年のヘルダーリンによる「スカルダネリ」という署名も、この脱-命名の運動を証し立てているのである（本書一四五ページ）。ちなみに、このスカルダネリという「名」に関して、本書をめぐる討論会の場

(16) *Ga. Bd. 39, S.* 64；七五ページ。

(17) *Ga. Bd. 39, S.* 64；七五ページ。

(18) *Ga. Bd. 4, S.* 41；五五ページ。また、言葉の根源的命名力とその「欠如」についての考察は、ハイデガーにおいて、後年に到るまで一貫している。例えばハイデガー的に書き換えられたゲオルゲの詩句、「語の欠けるところ、物はなし［Kein Ding ist, wo das Wort fehlt］」などを参照されたい *Ga. Bd. 9, S.* 154；一九七ページ。

で、ジャン＝ピエール・ルフェーヴルは、それがフランス語の「躓いた者［Scandalisé］」のアナグラムだという説を提示し、ラクー＝ラバルトの議論を補っていた。いわゆる「狂気」のヘルダーリンの署名が、欠落し、落伍した者の名を意味し、さらにそれが彼のフランス滞在においてプログラムされていたというのである。同様に、「追想」の冒頭の「北東風が吹く」も、ハイデガーが言うような源泉への（ドイツ、そしてギリシアへの）遡行の運動の「形像＝比喩的［bildhaft］な縁取り」ではなく、形象を欠いた名として、文字通り「北東風」として読まなければならないのである。ヘルダーリンは、フランスからの帰還ののちに、「素っ気なさ」、あるいは「簡素さ」、フランス語で言えばsobriété［飾り気のなさ］、つまりBildのなさ、あれこれのイメージに依拠していない状態、と次々に言い換えることもできるような要請、「ねばならない」の命法、すなわち「使命」にして「失墜」であるところ「字義化」あるいは「散文化」へと駆り立てられる。これは、ルフェーヴルの言葉に倣って言えば、「物事を愚直に言い表す［appeler un chat un chat：猫を猫と呼ぶ］」（一一〇ページ）ことの要請である。このような「猫を猫と呼ぶ」ことの要請、すなわち散文的な呼びかけは、形象を欠いているがゆえに、かえって純粋な形象力を獲得しており、その意味で、ハイデガーが憂慮するような「聖なる名の欠如」のうちにおいてこそ、逆説的に、根源的な命名が行なわれ「ねばならない」のである。このような意味でも、脱形象化あるいは脱神話化は、ハイデガー的な再形象化あるいは再神話化と反対の方向を指し示しているのである。

2-2　無神論的条件

まさにここで、ラクー＝ラバルトは、ベンヤミンによる「形象」の扱いをハイデガーのそれと対比する。たしかに、本書のクライマックスである「詩作の勇気」において、ラクー＝ラバルトは、ハイデガーの最初のヘルダーリン講義とベンヤミンの最初のヘルダーリン論（「フリードリヒ・ヘルダーリンの二つの詩」）を比較したり対比したりするつもりはないと述べている。だが、ベンヤミンを読みつつも、つねに慎重にであれハイデガーとの接合を行なうその手続きにおいてこそ、彼の論考は強みを持っていると言えるだろう。そもそも、ベンヤミンもハイデガーも、ともに、世界の「危険」に対する感覚を共有し、それに対峙する「詩人」という形象を持ち出す（おそらくその結論は異なるのだろうが）。そしてまた、二人が「詩作されるもの［das Gedichtete］」という表現を用いているといった点が、おそらくラクー＝ラバルトにとって、もっとも魅力的でありかつもっとも厄介なものと映ったのではないだろうか(19)。もちろん問題なのは語彙のレベルの一致ではない。むしろ、「詩作されるもの」という語を通じて展開される「詩人の使命」と散文化との関係に関する二つの考察、そして要するに、「形

（19）　ハイデガーは、まさに四三年の「追想」をめぐる講演で、この「詩作されるもの［das Gedichtete］」という語を用いている。「しかし、詩の「内容」が詩のなかでまずもって詩作されるもの（das im Gedicht erst Gedichtete）と同一ではないと仮定しよう」（*Ga. Bd.* 4, S. 82；一一八ページ）。あるいは「この現実性は、現実的なものから算定すると、非現実的なものであり、これは予めその真理のなかで真理へ投企されて、そのなかで強固なものとなる。したがって強固なものとなりながら、それ自体では非現実的な現実的なものの現実性こそ、まずもって詩作されるもの（das erste Gedichtete）なのである」（*Ga. Bd.* 4, S. 90；一二八ページ）。

象」に関する二つの考察に、ラクー＝ラバルトは注目しているのである。そもそも「詩作されるもの」は、ベンヤミンによって、まずもって「形態［Gestalt］」として規定されているからである。

ベンヤミンが比較するヘルダーリンの二つの詩、「詩人の勇気」と「愚直」は、同じ詩の二つの稿であり、その改稿作業は、ヘルダーリンがボルドーより帰還した後に行われたとされている。そして、その書き直しの争点となったのは、「追想」の場合と同様に、「神話論的なもの」を、すなわち「形象的なもの」を、いかにして廃棄するかという点である。ベンヤミンはこう説明する。「〈詩作されるもの〉についての考察は、神話に行き着くことはない。そうではなく、この考察は――もっとも偉大な作品においては――ただ、芸術作品のなかにあって、それ以上は接近して把握することのできない、非神話論的ないしは非神話的な比類なき形姿［Gestalt］として形成されている神話的結合関係に行き着くにすぎない」（本書一九五ページ）。作品化の到達点において、「形象的なもの」、すなわち「神話論的なもの」が脱構築し尽くされるとき、逆説的にも「神話的なもの」としての「形象」が保持される。このような「比類なき形象」を、ラクー＝ラバルトは「純粋な撞着語法」あるいは「絶対的に逆説的な形象」（本書一三四ページ）とも言い換えている。

ところが、さらに問題なのは、ベンヤミンが「比類なき形象」を喚起したあとで、自らの試論の総括として、ヘルダーリンの「伝説は大地より遠ざかり［……］再び人の世へと立ち戻る」という詩句を引用する点にある。脱神話論化ののちに残るものとしてのこの「伝説」が、ハイデガー的な「伝説」と、いかに異なったものなのか、あるいはどこまでの関連性をもつものなのかに関しては、即断を避けておきたい。これに関しては、「詩作の勇気」の結論部、属格の二重性について説明したきわめて高密度な段落を読まねばならない。というのも、そこでラクー＝ラバルトは、「詩作の勇気」が、自動詞的な意味と他動詞的な意味の二つをもち、その二つが、それぞれハイデガーにもベンヤミンにも関わっていると説明しているからである。

一方で、自動詞的な機能としての「詩作の勇気」は詩の頑強さ、「粘り強さ」を意味する（本書一九六ページ）。詩作は、脱形象化あるいは脱神話化を通じて、執拗に、粘り強く持続しつづけ、「比類なき形象」へと到達するのである。このことを凝縮した形で述べているのは次の一文である。「詩作の勇気とは、詩《ポエジー》を創出し、〈詩〉を、それが証言であるようなものとして形象化する勇気なのである」（本書一九七ページ）。ここでの「証言」の問題について詳しく論じることはできないが（証言という語を用いているのはベンヤミンであり、ハイデガーである）、少なくとも二つのことを銘記しておこう。ひとつには、ラクー＝ラバルトが、ベンヤミンに倣って最小限の形象化の必要性を、あるいはそのような最小限の形象化のみを認めるとき、それは、決して破壊されることのない証言の条件、証言の可能性のようなものだということである。だがもうひとつには、そのような証言の可能性は、まずもって詩が自らに対して向けるものであり、そのとき詩が詩について証言する「真理」（とラクー＝ラバルトは言っている）とは、「自らが散文である」ということなのである。

だが他方で、〈詩〉が証言であるとするならば、それは何かについての証言でなければならず、「詩作の勇気」は、他動詞的な用法として、「世界の危険と対峙し、果たされるべき使命を告げる」という意味も必然的に含みもつことになる。「形象」が世界に向かって言葉をもつ、すなわち預言し、あるいは証言するという役割を果たすのである。ここからさらに、「換喩《メトニミー》」的なズレによって、その「形象」ないしは「形態」に一人の人物像が割り当てられることも、不可避的に生じることになる。すなわち、詩が世界と対峙する勇気をもつという事態と、「詩人」が、詩において、世界と向き合う勇気を持つという事態とのあいだには、紙一重であると同時に、無限の差があるのだ。そこには、詩的形象が、詩人の形象において凝固し、人格化するプロセスがあるのだと言うことも可能である。このような詩人＝英雄崇拝の問題を、ベンヤミンは、きわめて敏感に感じ取り、それを拒絶したのである。詩作と詩人、証言と証人、非人称的な詩作の殉じることと殉じる者としての詩人、これらの距たりのうちで、脱形象化の勇気が試されるのである。そこで問題になっているのは、次のことである。すなわち、

> 詩作が、自らを詩作として証し立てつつ証言するところのもの、すなわち自らを真なるものへの関係において、あるいはその真理を言うことにおいて証し立てつつ、証言するところのものである。殉じることへの——近代的な——使命？　勇気そのもの？　その通り。ただし、失墜に応じつつ、である。その通り。ただし、最終的に、そこで証言されているのが、ヘルダーリンの言っていたように、「〈神〉の欠如」なのだということ、あるいは——同じことだが——我々の無-神論的な条件なのだということを、認めたうえでのことではあるが（一九八—一九九ページ）。

「失墜に応じる」という条件において「殉じる」ということ、あるいは「〈神〉の欠如」を証言するということ、詩作の使命は、言うなればバベル崩壊以後の空間において遂行される翻訳の使命と重なり合う。ヘルダーリンが「詩人の勇気」を「愚直」に書き直していた時期、すなわち数々の詩を、脱神話論化の方向へと書き換えていた時期に、ヘルダーリンは、おそるべき「字義翻訳」を手がけている。ヘルダーリンにおける脱形象化は、一方で字義化、他方で翻訳という二つの具体的な方向性をとりえたのである。ラクー＝ラバルトが第二章の「ねばならない」において扱っていたのが「散文化」の問題であったとすれば、第三章の「詩作の勇気」において彼が扱っているのは、「翻訳」の問題であると言えるかもしれない。といってもラクー＝ラバルトがそこで扱っていたのは、ヘルダーリンにとっての「内的翻訳」すなわち、詩の書き換えの問題であった。そしてこの内的翻訳の営みを性格づけるためにベンヤミンが用いた「冷醒さ［Nüchternheit］」という語は、そもそもヘルダーリンにおいては、彼の翻訳の試みを説明するための言葉だったのである。

たしかに、ラクー＝ラバルトは、本書において翻訳の問題を主題として扱っているわけではない。だが、少なくとも言えるのは、彼は翻訳という作業を通じて、脱形象化を思考するとともに実践しようともしているということである（ヘルダーリン、ベンヤミン、あるいはハイデガーの「聖なる名の欠如」の翻訳を手がけたのも彼である。[20] あるいは彼によって編まれたヘルダーリン詩集に発表された、

（20） *Contre toute attente*, n°2-3, 1981, pp. 40-55. ドイツ語オリジナル版に先立って、ラクー＝ラバルトとロジェ・ムニエの仏訳（対訳）で発表。

アドルノの「パラタクシス」の仏訳[21]、等々）。「さほど驚くべきことではないかもしれないが、フィリップ・ラクー＝ラバルトの全仕事において、次第に、翻訳への衝動が高まっていくのが見受けられる。あたかも、思考の身振りとエクリチュールの身振りとのあいだに親縁性があるかのようでもある。それは概念的に形象化されたものと、エクリチュールによって脱形象化＝歪曲されたものとの、言い換えればエクリチュールによって、あるいは翻訳によって、再翻訳され、書き直されたものとの、親縁性である」。こう述べていたのは、ジャン＝ピエール・ルフェーヴルであった[22]。ひとは、翻訳に際して、解釈や要約やパラフレーズを行なう場合とは異なり、何か余分な意味やイメージを付け加えたり、喚起してはならない（字義翻訳とは、このような「形象」性の節制を徹底し、それをひとつの「比類なき形象」へともたらす行為である）。しかしそれでいながら翻訳である以上、最低限、単語、文章、あるいは作品といったひとつのユニットを形成しなければならない。ラクー＝ラバルトがベンヤミンとヘルダーリンから読み取る「脱形象化」とは、このような翻訳の作業を言うのではないだろうか。

しかしここで、非常に漠然としたものであるが、依然としてひとつの疑問が残される。最後にそれを示唆しておきたい。それは、ラクー＝ラバルトが、形象化と脱形象化の問題をめぐる考察の結論部において、なぜ「殉じること［martyre：殉教］」について、あるいは「無‐神論的な条件」について語るのかという疑問である。当然、ここで彼が読解しているベンヤミンのテクストの論旨からすれば、脱神話論化と脱形象化とが同義なのだということは明白である。また、ハイデガー的な存在‐神話論と存在‐類型論をともに批判し、またハイデガー的なヘルダーリン読解の「宗教性」を指摘するという文脈においても、この「無‐神論的な条件」への言及は正当であるだろう。だが問題なのは、形象の失墜、あるいは脱形象化という近代人の条件を、なおもひとつの「無‐神論的条件」における「殉教」としてパラフレーズする際の、ラクー＝ラバルト自身の動機である。あるいは、必要最低限の「形象化」と脱形象化とのあいだに分割線を設ける際の根拠として、神学的なモチーフに依拠することが何を意味するのか、ということなのである。「字義性」、「静醒さ」、「散文性」、「脱神話論化」等々の用語で説明されている事柄は、結局のところ、「形象的なもの」の破壊へのある種の確信によってのみ裏づけられている。しかしながらその確信ないしは信念は、ひるがえってそれもまた、ひとつの「信」を形成することはないのだろうか。

興味深いのは、先に紹介したナンシーとラクー＝ラバルトの往復書簡において、ナンシーが、「形象の拒否」は「呈示不可能なものの宗教に帰着する」のではないかという懸念を表明しているという点である。[23] そうでなければ、形象のなかにおいて、過度の形象化と最低限の形象化という二つを区別する基準は、純粋に趣味判断に依存することになる、というのがナンシーの見解である。たしかに、ナンシーの指摘するように、ラクー＝ラバルトの脱形象化の考え方には揺れがあると言うこともできる

(21) Hölderlin, *Hymnes, élégies, et autres poèmes*, traduits par Armel Guerne, suivi de *Parataxe* par Theodor W. Adorno, introduction, chronologie, bibliographie et notes par Philippe Lacoue-Labarthe, Paris, Flammarion, 1983.
(22) 『詩の政治』をめぐる書評討論会での発言。
(23) « Scène », p. 97.

だろう。つまり、脱形象化の果てに到達される形象が、単に、最低限必要とされる形象なのか、あらゆる形象を抹消したのちに浮かび上がってくる呈示不可能な背景もしくは根底のようなものとしての「純粋な」形象なのか、あるいはそれらとも別のものなのかは、判然としないところではある。だがしかし、ラクー＝ラバルトは、形象化か、脱形象化か、という単に理論的な水準で「脱‐形象化」を考えているのではない。「タイポグラフィー」から本書に到るまで、一貫して、ハイデガーにせよ、ユンガーにせよ、アドルノにせよ、ベンヤミンにせよ、それぞれのテクストの読解において、「脱‐形象化」が思考されているのである。ところがさらにまた言えるのは、ラクー＝ラバルトにおける「脱‐形象化」への一貫した傾向が、これらの思想家の読解と切り離されたところにないとは言い切れないということである。それが、一種の「脱‐形象化」への信によって動機づけられていないとは言い切れないのである。あらゆる神話的形象と政治神学に抗しつつ、あらゆる形象性を排してヘルダーリンを読むラクー＝ラバルトが、別の意味での宗教性（ナンシーの言うような「呈示不可能なものの宗教」ではないにせよ）に陥っているとしたら、皮肉と言うだけで片付けてしまうには余りあるほどの問題をはらんでいるのではないだろうか。この点に関しては、ラクー＝ラバルトのさらなる応答、とりわけハイデガーの宗教性に関する新たな考察を待つしかない。

＊

最後にラクー＝ラバルトのエクリチュールについて付け加えておきたい。本書は講演集であるが、そこには、彼自身に内在しているエクリチュールの傾向、言うなれば散文化の方向なき方向を見て取ることができる。数多くの挿入句や括弧によって一見複雑に見えるが、彼の文章の基本構造はシンプルである。ラクー＝ラバルトが好んで用いる表現を借りて言うならば、「碑文のように簡潔な［lapidaire］」フレーズを重ねながら、数々のディスクールが断絶を伴いつつ連接されているのである。lapidaire な構築物とは、ひとつの素材を抜き去ったり、入れ替えたり、付け加えたりすることのできない構築物、石彫のような静謐さを崩さない造型的・彫像的オブジェのことである（形容詞 lapidaire は lapis ［石］に由来する）。そこに賭けられているのは形象化と脱形象化の問題にほかならない。

このようなエクリチュールの実践こそが（それはルフェーヴルが述べていたように、翻訳の実践にも関わっている）、ラクー＝ラバルトに、ハイデガー的なヘルダーリン読解の呪縛から逃れ、それに抵抗する足場を与えていると言うこともできるだろう。ラクー＝ラバルトは「詩作の勇気」のなかで、ハイデガーのヘルダーリン論がフランスの詩に及ぼした「数々の帰結」について語っていた（本書一五五ページ）。その帰結がいかなる帰結であるのかは具体的に語られていないが、本書では何度か、ルネ・シャールが、晩年のハイデガーにおける詩人と思索者との対話の哀れな「犠牲者」として登場する。もちろん事情はそれほど単純ではない。ラクー＝ラバルト自身、事態が錯綜したものであったことを承知しているからこそ、敢えてそれに言及しないのではないだろうか。例えば、「はしがき」でも言及されているように、ハイデガーのランボー論は、晩年のやや疲労した哲学者が、シャールとロジェ・ムニエの強い求めに応じて執筆した奇妙なテクストである。ロジェ・ムニエとともにハイデガーの翻訳に携わったこともあるラクー＝ラバルトであれば、この経緯について何がしかのことを知っているはずである。いずれにせよ、ラクー＝ラバルトは、例えばモーリス・ブランショが『問われる知識人』の最終ページにおいてこのレジスタンスの詩人に依拠するような仕方では、シャールに依拠しない。また、本書が捧げられている作家ロジェ・ラポルトの苦闘も、「数々の帰結」に含まれるだろう。一九九一年に「ねばならない」がテュービンゲンのヘルダーリン協会で発表されたときから、ラクー＝ラバルトはその講演をラポルトに捧げていた。『経験としての詩』を執筆した際に、ラポルトとともに散策したテュービンゲンのネッカー河畔の記憶が、そこには封印されているのかもしれない。そして、ブランショやデリダとも深い友愛で結ばれたこの作家を最初に見出したのは、ほかでもないシャールであった。[24] ツェラン、ブランショ、ラポルト、シャール……、これらの固有名によって語られる「数々の帰結」を引き受けざるをえない場所に、ラクー＝ラバルトは身を置いているのである。

その彼らが、確実に世を去ってゆく。ラポルトは二〇〇一年の四月に亡くなり、ラクー＝ラバルトは『ハイデガー』の刊行とほぼ同じ時期に、ラポルトの『遺稿集』[25]に序文を寄せている。友人が託してきたのかも知れない遺稿に捧げられたこの一篇の序文は、ラクー＝ラバルト的な意味での詩作の原-倫理の要請を考えるうえでも、熟読の価値をもつだろう。ラポルトが世を去った年の夏には、ピエール・クロソウスキーが亡くなり、その前年には、ラクー＝ラバルトにハイデガーを「教えた」ジェラール・グラネルが亡くなっている。これらの他者の死は、まさしく死の行進のなかで書かれる「自伝的なもの」の意味を、ラクー＝ラバルトに実感させているに違いない。『政治という虚構』が捧げられたときには「存命」中であったモーリス・ブランショも、この二月に逝去した。フランス思想のひとつの時代を創った世代が消失の途を歩むなか、その遺産管理人としてのラクー＝ラバルトが、決して多作ではないにもかかわらず繰り出したこの作品、ある意味でプログラムのまま投げ出された感のあるこの書物を、私たちは何度でも読み返し、咀嚼しなおさねばならないのである。

（24）ロジェ・ラポルトの処女作ともいうべき「ランスの追想」は、シャールの紹介で『ボッテゲ・オスクーレ』誌に掲載された。« Un souvenir de Reims », in *Botteghe oscure*, 1959.
（25）*Carnet posthume*, Paris, Léo Scheer, 2002

訳者あとがき

この翻訳の企画を浅利誠先生より持ちかけられたのは、訳者がラクー＝ラバルト氏の指導のもと在籍していたストラスブール大学哲学科での留学を終え、氏の退官にともなってパリに居を移した二〇〇二年の十二月のことであった。刊行されたばかりの本書の重要性を認識し、藤原書店より翻訳刊行の準備を進められていた先生は、その年の夏、ラクー＝ラバルト氏にインタビューを行なった際に氏より紹介された西山の名前を覚えておられ、訳者として指名されたという次第である。当初は共訳の予定であったが、翻訳計画がスタートしたのとほぼ同時に、ラクー＝ラバルト氏の日本招聘の企画（二〇〇三年十月）が本格化し、浅利先生はそちらの準備に専念すべく、若輩者の訳者に、この重要な仕事を一任してくださった。

銘記しておかなければならないのは、浅利先生が訳稿の全体をくまなくチェックし、また、原文の難解な箇所は一緒に頭をひねってくださったこと、そしてまた、それでも不明な箇所はイザベル・フランドロワ夫人にもお手伝いいただき、総がかりで訳文を仕上げたということである。この全面的協力がなければ、「碑文のように簡潔」にして、最高度に凝縮したラクー＝ラバルトの文章を最後まで翻訳することはできなかったであろう。また、本書のエピローグ「国民社会主義の精神とその運命」はすでに浅利先生による翻訳が存在したが、先生自身の許可により、訳者が文体を統一し、注の一部を変更し、本書に組み込んだ。『他者なき思想――ハイデガー問題と日本』（藤原書店、一九九六年）所収の浅利版は、それだけで独立して読みうるものとするために、独自の注が数多く付されている。本書とともに、参照されたい。いずれにせよ、先生にはこの場を借りて深く御礼申し上げたい。

また、翻訳は単独ではできないということを、今回、身をもって実感した。ヘルダーリン、アドルノ、ベンヤミンの引用文の訳のチェックから、全文にわたる訳文の見直しに到るまで、非力な訳者をさまざまな形で助け、励ましてくださった先生方、畏友たち、とりわけ青木誠之先生、磯忍氏、伊藤綾氏、大竹弘二氏、郷原佳以氏、大道寺玲央氏、宮﨑裕助氏、森田團氏、レオニッド・カラモフ氏には、この場を借りて感謝の言葉を申し述べたい。

そして最後に、藤原書店編集の清藤洋氏。清藤氏は、入稿から書物に仕上がるまで、休暇もほとんどとられずに、スケジュール的な制約にもかかわらずつねに遅れ気味であった訳者の訳業を、入念かつ厳密な校正・編集力によってサポートしてくださった。本書が、これだけの短期間で、これだけの完成度までに仕上がったのは、ひとえに清藤氏の超人的な努力によるところであると確信している。心より御礼申し上げたい。

二〇〇三年八月三十一日

西山　達也

著者紹介

Philippe Lacoue-Labarthe（フィリップ・ラクー＝ラバルト）
1940年トゥールに生まれる。ストラスブール大学名誉教授。1983-93年には、カリフォルニア大学バークレー校で客員教授をつとめ、また、1988-89年には国際哲学研究院会長をつとめる。1995年には「フリードリヒ・グンドルフ賞」を受賞。邦訳書としては、『政治という虚構――ハイデガー、芸術そして政治』（藤原書店）、『虚構の音楽――ワーグナーのフィギュール』（未來社）、『経験としての詩――ツェラン、ヘルダーリン、ハイデガー』（未來社）、『藝術家の肖像、一般』（朝日出版社）、『ナチ神話』（ジャン＝リュック・ナンシーとの共著、松籟社）があり、『近代人の模倣』（みすず書房）、『メタフラシス』（未來社）、『歴史の詩学』（藤原書店）が近刊予定である。

訳者紹介

西山達也（にしやま・たつや）
1976年生まれ、東京都出身。東京大学大学院 総合文化研究科 地域文化研究専攻 博士課程在籍。2001/02年度、フランス政府給費留学生（哲学）としてストラスブール大学哲学科に留学、ラクー＝ラバルトの指導のもとDEA課程を終了（提出論文：Le problème de la monstration et la pensée heideggerienne de la traduction）。2003年度より日本学術振興会特別研究員。翻訳書に、ジャン＝リュック・ナンシー『訪問――イメージと記憶をめぐって』（松籟社）、ジャック・デリダ『滞留――付モーリス・ブランショ「私の死の瞬間」』（共訳、未來社）などがある。

ハイデガー　詩の政治

2003年9月30日　初版第1刷発行©

訳　者　西　山　達　也
発行者　藤　原　良　雄
発行所　株式会社　藤　原　書　店

〒162-0041　東京都新宿区早稲田鶴巻町523
TEL　03（5272）0301
FAX　03（5272）0450
振替　00160-4 17013
info@fujiwara-shoten.co.jp

印刷・製本　美研プリンティング

Printed in Japan
ISBN4-89434-350-9

アーレント政治思想のエッセンス

ハンナ・アーレント入門

杉浦敏子

メディア化、大衆化による民主主義のいびつな肥大化が問題視されるなか、ますます評価が高まる女性政治哲学者ハンナ・アーレント（1906–75）。公共性の復権、多様性の擁護、労働の再考等、その思想のエッセンスを説き明かし、現代に甦らせた秀逸のアーレント入門。

四六上製　二二四頁　**二四〇〇円**
（二〇〇二年一一月刊）◇4-89434-314-2

西欧近代の裏面史を浮彫る

ナショナリズム・反ユダヤ主義・ファシズム

M・ヴィノック
川上勉・中谷猛監訳

西欧精神の土壌に脈打つ反ユダヤ主義とナショナリズムの結合の産物としてのファシズムに迫る。三二〇点の写真・関連年表等を附した決定版大鑑。

菊判上製　五九二頁　**六六九九円**
（一九九五年四月刊）◇4-89434-013-5

NATIONALISME, ANTISÉMITISME ET FASCISME EN FRANCE
Michel WINOCK

文学の〝世界システム〟を活

世界文学空間（文学資本と文学革命）

P・カザノヴァ
岩切正一郎訳

世界大の文学場の生成と構造を初めて解析し、文学的反逆・革命の条件と可能性を明るみに出す。文学資本と国民的言語資本に規定されつつも自由の獲得を目指す作家たち（ジョイス、ベケット、カフカ、フォークナー……）。

A5上製　五三六頁　**八八〇〇円**
（二〇〇二年一二月刊）◇4-89434-313-4

LA RÉPUBLIQUE MONDIALE DES LETTRES
Pascale CASANOVA

文学が「生産」する思想

文学生産の哲学（サドからフーコーまで）

P・マシュレ　小倉孝誠訳

アルチュセール派を代表する哲学者による全く新しい「文学的哲学」の実践。スタール夫人、ジョルジュ・サンド、クノー、ユゴー、バタイユ、セリーヌ、サド、フロベール、ルーセル、フーコーの作品の解読を通して、そこに共有される根源的な問題意識を抉る。

A5上製　四〇〇頁　**四六六〇円**
（一九九四年一一月刊）◇4-938661-86-1

À QUOI PENSE LA LITTÉRATURE?
Pierre MACHEREY

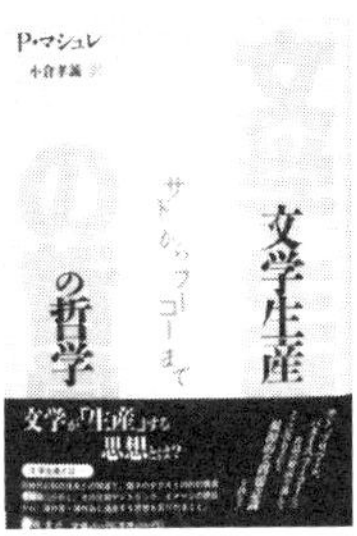

ハイデガー、ナチ賛同の核心

政治という虚構

（ハイデガー、芸術そして政治）

Ph・ラクー＝ラバルト

浅利誠・大谷尚文訳

リオタール評――「ナチズムの初の哲学的規定」。ブランショ評――「容赦のない厳密な仕事」。ハイデガーの真の政治性を詩と芸術の問いの中に決定的に発見。通説を無効にするハイデガー研究の大転換。

四六上製　四三二頁　**四〇七八円**

（一九九二年四月刊）

◇4-938661-47-0

LA FICTION DU POLITIQUE

Philippe LACOUE-LABARTHE

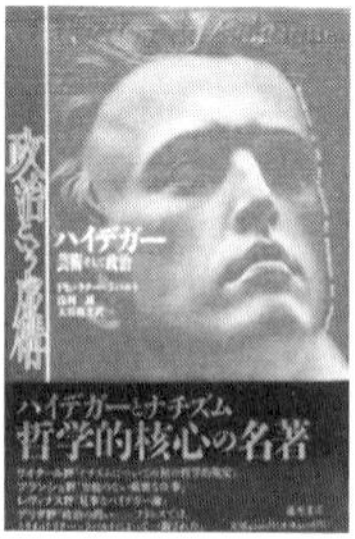

他者の共同体

他者なき思想

（ハイデガー問題と日本）

浅利誠・荻野文隆編

Ph・ラクー＝ラバルト

芥正彦・桑田禮彰

ハイデガーのナチ加担問題の核心に迫るラクー＝ラバルト『政治という虚構』を出発点に、ハイデガー問題の全容、「日本」という問題の歴史性に迫る。『政治という虚構』のダイジェスト、「国民社会主義の精神とその運命」収録。

A５変上製　三三六頁　**三八〇〇円**

（一九九六年七月刊）

◇4-89434-044-5

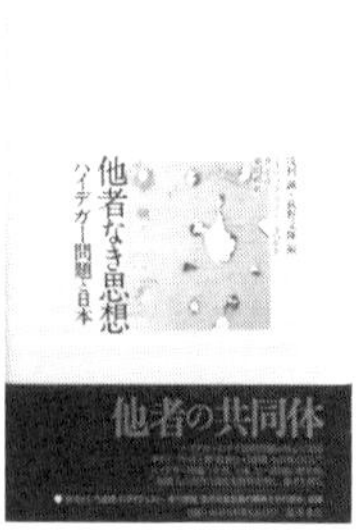

多様な視点から総合的に分析

別冊『環』５

ヨーロッパとは何か

〈インタビュー〉哲学者が語るヨーロッパ

ラクー＝ラバルト

〈座談会〉内なるヨーロッパを越えて

遠藤郁子＋陣内秀信＋三木亘＋武者小路公秀

〈対談〉ヨーロッパの思想家のヨーロッパ

中沢新一＋鈴木一策

〈寄稿〉深澤英隆／山内進／糟谷啓介／ショーニュ／岡田明憲／沓掛良彦／北川誠一／伊東俊太郎／松村賢一／眞田芳憲／橋本毅彦／吉田忠／谷村晃／中山茂／樋口恒晴／加藤博／田中道子／小川了／上村忠男／桜井直文／中島義道／三島憲一／倉田稔／飯塚正人

菊大並製　三六八頁　三二〇〇円

（二〇〇三年一一月刊）

◇4-89434-315-0

リオタールの到達点

リオタール寓話集

J-F・リオタール

本間邦雄訳

リオタールが一貫して追究してきた「ポスト・モダン」の思想を平易に俯瞰できるように、90年代に書かれた論考、エセーを一篇ごとに丁寧な解題を付し構成した一四篇の寓話集。表象＝再現され得ない「出来事」をひとはいかに感受し得るかを語る、感性の冒険の物語。

四六上製　三二六頁　**三二〇〇円**

（一九九六年一〇月刊）

◇4-89434-048-8

MORALITÉS POSTMODERNES

Jean-François LYOTARD